숲태교 진행경험을 통한

숲태교의
의미와 본질

− 도시숲을 중심으로 −

숲태교 진행경험을 통한

숲태교의
의미와 본질

– 도시숲을 중심으로 –

임혜숙 지음

ABSTRACT

본 연구의 목적은 숲태교 진행 경험을 통한 숲태교의 의미와 본질을 탐색해보는 것이었다. 숲태교 진행 경험을 통하여 심층 분석해봄으로써 숲태교에 대한 전반적인 경험에 대한 숲 치유 상담 과정의 이해를 높이고, 실질적인 당면 문제들과 특성에 기반을 둔 실천적 접근방법을 개발하는 데 기초자료를 제공하고자 한다. 이런 연구목적을 이루기 위한 연구문제는 '숲태교 진행 경험을 통한 숲태교의 의미는 무엇인가?', '숲태교 진행 경험을 통한 숲태교의 본질은 무엇인가?'이다.

본 연구참여자들은 2016년에 서울시의 도시숲에서 무료로 숲태교를 공모나 추천으로 진행했던 9명의 숲치유사들이었다. 2016년 12월에 서울시의 지역구에 공문을 보내어 진행자들과 면담을 하게 되었다. 면담 장소는 참여자들이 원하는 곳에서 원하는 시간에 맞추어 진행하였다. 1회 면담 시간은 1시간 30분에서 2시간 30분 정도로 이루어졌다. 면담 내용은 참여자의 동의하에 녹음하였고, 연구자가 직접 녹취하였다.

분석은 참여자의 언어를 그대로 전사하고, 이를 학문적 용어로 전환하여 심도 있게 분석함으로써 참여자 경험의 일반적 구조를 도출하는 Giorgi의 현상학적 연구방법과 절차에 따라 이루어졌다. 이를 통하여 165개의 의미 단위와 49개의 하위구성요소, 12개의 구성요소를 도출하였다.

　숲태교 진행 경험을 통한 숲태교의 의미와 본질의 12개 구성요소는 '태아와 하나 되는 숲 소풍', '숲태교에 대한 생각', '숲태교 진행을 위한 노력', '숲태교 진행전문가', '숲태교 하는 도시숲', '숲태교 하러 오는 사람들', '임부와의 숲태교법', '숲태교 진행자로 얻는 보람', '임신 부부들이 숲에서 하는 활동', '숲태교에 왜 참여하지?', '진행자가 바라는 것', '숲태교 하면 어떻게 될까?'로 나타났다. 이들 구성요소는 숲태교 진행 경험을 통하여 숲태교의 의미와 철학을 되새기고 숲태교 4요소의 조화로 극대화되는 것을 알게 되었다. 숲태교의 실질적 활동방법, 보람과 이유를 발견하였다. 숲태교에 대한 바람과 기대를 통하여 앞으로 나아갈 방향을 찾게 되었다.

    본 연구에서 도출된 숲태교 진행 경험을 통한 숲태교의 의미와 본질에서의 본질적 의미는 「임신 가족을 돈독하게 만들어주는 태아와의 숲 소풍에서 미래의 건강한 아이를 기대하는 행복한 숲 선물」이었다. 숲태교는 태아랑 편하게 숲 소풍 왔다고 생각하고 즐기면서 서로의 마음을 열게 하는 숲이 주는 선물과 같았다. 숲태교의 4요소인 숲, 임신 부부, 진행자, 주최 측이 조화를 이룰 때 극대화되는 것이다. 태교 시기는 결정적 시기이므로 숲태교 진행자는 확고한 철학과 직업윤리를 바탕으로 하여 태아를 중심으로 하는 화목한 가정을 이루도록 해야 한다.

    휴일이지만 태아를 바라보면서 태어날 아기에 대한 기대로 재미있게 활동을 하였다. 여러 가지로 변수가 많은 임부는 주변과 잘 어울리면서 활동하였다. 도시숲은 접근성, 안정성, 응급상황에 대한 대처능력 등을 고려하여 선택한 것이다. 숲태교에서는 항상 안전문제를 신경 쓰고, 정서적으로 충분히 공감하여 자존감이 향상되도록 애썼다. 활동은 열린 집단 10명 내외로 2시간을 진행하였다. 시기적으로는 상·하반기로 나누어서 하거나 9월 이후에 집중적으로 실시하였다. 숲태교를 진행하면서 임부의 행복이 곧 진행자의 힐링으로 느껴졌다. 임부가 숲에 들어오니 태아의 움직임도 활발해지는 것이 임부의 안정이 가족의 힐링으로 확장되도록 기여하고 있었다는 생각에 보람을 느끼게 되었다.

    심도 있게 숲태교를 진행하기 위하여 숲태교 전문가가 진행하고, 대상 범위를 확장하여 많은 임신 부부들에게 확산되기를 원하였다. 행복해하는 임신 부부의 모습을 보면서 배 속에서부터 편안하고 행복한 상태로 태어난 아기와 행복한 가족의 미래를 기대하였다.

본 연구에서 제시된 숲치유상담의 함의는 다음과 같다. 이론적으로는 Giorgi의 현상학적 질적 연구방법을 적용하여 숲태교의 본질적 의미에 대한 이해를 심화시키는 기회를 제공하였고, 임신 부부에게 어떠한 의미로 영향을 미칠 수 있는지 확인하였다. 그리고 숲태교에 대한 철학과 윤리의식에 대하여 기존의 시각을 전환하는 계기를 마련하였으며, 도시숲을 숲태교가 원활하게 이루어질 수 있는 숲 환경으로 정비할 수 있는 근거를 마련하였다. 실천적으로는 지역사회에서 지역사회 임부의 욕구를 적절하게 수렴하여 해소할 수 있는 방안을 마련할 필요가 있고, 「임부에 대한 사회적 돌봄」이라는 차원으로 접근하였다는 것이다. '숲태교프로그램의 개발과 숲태교프로그램이 진행되어야 한다'는 복지 차원의 질 높은 숲태교서비스의 필요성을 확인하였다. 정책적으로는 숲태교를 위한 숲치유사가 안정적인 직업으로 정착할 수 있도록 하고, '임부를 위한 돌봄의 공공화 정책'을 마련하여야 한다. 그리고 누구든지 어디서나 일 년 내내 숲태교에 참여할 수 있도록 하여 건강한 자녀를 출산할 수 있는 정책 기반을 마련하여야 하겠다.

후속연구로 치유숲과 다양한 지역의 숲에서 진행을 경험한 대상으로 하는 연구를 제안하였고 임부, 임신 부부, 태아 아버지 관점의 질적 연구를 제안하였다.

머 리 말

'숲체험'이라는 것을 치유의 관점에서, 인성을 함양한다는 목적을 갖고 접하게 되었다. 자연이 좋고, 숲에서 하는 활동이 좋아지는 나이에 만나게 된 '숲'은 또 다른 경이감을 주기에 충분한 분야였다. 한 가지 또 하나의 프로그램에 참여하다보니 그동안 잠재적으로 나의 무의식을 이끌던 심리학에 대한 욕구를 상담심리학 박사학위과정으로 안내하였다.

본서는 미국 이벤젤대학교(Evangel Christian University of America Monroe, Louisiana USA)의 The Degree of Doctor of Philosophy(박사학위) 논문으로 연구한 것이다. 연구 제목은 「The Meaning and Nature of Forest Prenatal care through Experience of Forest Prenatal care Progress: 숲태교 프로그램 진행 경험을 통한 숲태교의 의미와 본질」이다.

기존에 사회복지학 박사논문을 현상학 연구방법으로 연구해본 경험이 있어서 이렇게까지 어려울 것이라고는 예상하지 못했었다. 그런데 Van Manen의 현상학적 연구방법과 Giorgi의 현상학적 연구방법은 전혀 다른 과정을 요구했다. 당연히 힘겹게 여겨졌으나 해내고 나니 나에게 '임혜숙심리상담센터'라는 새로운 선물을 주게 되었다.

그동안 교육학, 사회복지학 분야를 배경으로 하는 상담을 했던 경험을 이제 온전히 심리학을 주된 관점으로 상담을 하게 될 것 같다.

얼마 전에 우연히 고등학교 때의 생활기록부를 보게 되었는데 고1 때의 미래 희망은 '교수', 고2 때는 '카운셀러'라고 적혀있는 것을 발견하고 깜짝 놀랐었다. 그동안의 나의 삶이 온전히 이해되는 듯한 느낌이었다. 그래서 사회복지학 박사로 사회복지학과 교수이면서도 또 이렇게 험난한 '상담심리학'이라는 학문의 길을 시작한 것에 대한 해답을 본 것 같았다.

정성을 들였으나 세상에 내놓지 못하였었다. 마치 사생아를 낳은 것처럼. 그런데 이제 이 산출물을 세상에 드러내려 하는데 마침「한국학술정보」에서 흔쾌히 출판을 허락해주셨다. 이 연구자료가 아주 작게라도 세상에 유익함으로 작용하길 바라는 마음이다.

양천골 '임혜숙심리상담센터'에서

목 차

ABSTRACT / 4

머리말 / 8

I 서론
제1장 연구의 필요성 / 15
제2장 연구의 목적 및 연구문제 / 18

II 이론적 배경
제1장 숲태교의 개념과 특성 / 23
제2장 임부의 개념과 특성 / 26
제3장 숲태교에 관한 선행연구 / 27

III 연구방법
제1장 Giorgi의 현상학적 연구 / 31
제2장 연구참여자 선정 / 33
제3장 자료 수집 및 분석 / 34
제4장 윤리적 고려 및 평가 / 37

IV 연구결과
제1장 연구참여자의 특성과 기술 / 43
제2장 숲태교 진행 경험을 통한 숲태교의 의미와
    본질에 대한 구성요소 / 56

제3장 숲태교 진행 경험을 통한 숲태교의 의미와
　　　본질에 대한 상황적 구조진술 / 88
제4장 숲태교 진행 경험에 대한 일반적 구조진술 / 123
제5장 숲태교 진행 경험을 통한 숲태교의 의미와
　　　본질에 관한 모형 / 129

Ⅴ 논의
제1장 숲태교의 의미와 철학 / 135
제2장 숲태교가 이루어지는 4요소 / 138
제3장 숲태교의 실제 / 140
제4장 숲태교를 진행하며 보게 된 발전적 미래 / 143

Ⅵ 결론
제1장 연구결과의 요약 / 147
제2장 연구에 대한 숲치유상담 관점의 함의 / 152
제3장 제한점 및 후속연구를 위한 제언 / 155

참고문헌 / 157

I

서론

제1장 연구의 필요성

현대는 집중되는 도시화와 산업화로 인하여 환경오염과 기후 온난화 등의 자연재해가 인간의 능력 한계를 뛰어넘고 있다. 내일을 예측하기 어려울 정도로 급격히 변화하며 빠르게 발달하는 첨단과학은 오히려 인간에게 자연으로 돌아가 천천히 살아갈 것을 주문하고 있다. 자연이 가진 무한한 가치와 진정한 의미를 인식하면서 자연의 소리, 냄새, 맛, 촉감, 빛, 색, 온도, 바람 등을 오감으로 느끼면서 자연이 지닌 아름다움을 행복하게 즐기라고 이야기하고 있다. 자연과 인간의 화합을 위한 공간으로서 숲과의 거리를 우리가 생활하고 있는 도시로 가깝게 하고, 우리 의식의 주변부로 밀려났던 나무나 숲을 위시한 자연을 의식의 중심부로 불러들이는 작업을 시작하고 있다. 대한민국은 국토의 65%가 산림으로 구성되어 있어서 이런 관심을 산림에 초점화하면서 발전시키기 위한 조건이 충분하다고 하겠다. 국가가 산림복지 차원에서 「산림복지 진흥에 관한 법률(약칭 산림복지법), 2015」을 제정하여, 산림복지정책을 공익 차원으로 추진할 수 있는 법적 토대를 마련하였다. 「한국산림복지진흥원, 2016」을 설립함으로써 법률에 따라 높은 수준의 산림복지 서비스를 제공하는 공공주체로서 공익 차원에서 생애주기별 산림복지 서비스를 체계적으로 제공할 수 있는 전달체계를 마련하였다.

산림복지 서비스를 확대·제공하기 위해 자연휴양림, 삼림욕장, 치유의 숲에서 '생애주기별 맞춤 서비스'를 제공하면서 해마다 이용자 수가 증가하기에 이르렀다. 이제 목재생산의 경제적 기능과 같은 단순한 자연자원으로서의 숲이 지닌 가치보다 숲을 통해 얻을 수 있는 심리적 안정과 정신적 만족과 같은 숲의 간접적 효용에 대한 과학적 근거들이 설득력을 더하여 보고되고 있다. 산림을 단순한 여가 및 휴식을 위한 공간에서 벗어나 보건 의학적 효과를 활용한 치유 공간으로써 적극적인 활용을 모색하기 시작한 것이다(이연희, 2012). 직무만족도와 생산성에 지대한 영향을 준다든지, 어린아이들의 지적 호기심과 집중력을 증가시킨다든지, 수술 후 회복능력을 높인다든지, 정신병 환자들의 회복률을 높인다는 연구 결과(신원섭, 2014)로 볼 때도 산림을 이용한 다양한 사업의 필요성이 요구되고 있다.

산림복지 서비스를 제공하는 7단계 중 1단계인 숲태교는 자연 속에서 임부와 태아가 친밀하게 교감할 수 있도록 하여 임부의 스트레스를 완화하고, 태아와의 친밀감을 증가시키며, 긍정적 호르몬이 분비되는 효과가 있을 것이라고 기대하고 있다(산림청, 2017). 숲태교 참여 인원은 2013년 340명에서 2014년 1,910명으로 증가할 것으로 예상하였는데(한국산림복지진흥원, 2017). 산림청은 2017년에 임부(임신 부부) 2400명의 숲태교 참여자를 모집하여 국공립 치유의 숲 6곳에서 실시하려고 하였다. 여기에 도시숲에서 이루어질 인원을 합하면 실제 참여자의 수는 상당히 늘어날 가능성이 있었다. 숲태교는 산림에서 치유와 휴양적 가치에 보건, 교육, 문화 등의 산림 복지적 접근을 하려는 경향을 보인다. '생애주기별 맞춤 서비스'의 최초 시기 대상자가 바로 태아라는 인식은 아마 대한민국의 전통적 정서와 잘 부합하는 것이므로 태아기에 숲에서 이루어지는 복지서비스가 바로 숲태교로부터 시작한다는 데는 국민적 합의가 쉽게 이루어질 것이다. 산림을 활용한 숲 치유를 하면서 출산을 장려할 방안이 있다면 그중 하나가 바로 '숲태교'일 것이다.

요즘 들어 산림의 경제적 효과를 산출하는 자료들이 나오고 있는데 그중에 '모든 숲에서 피험자들이 신체적·정서적 측면에서 개선되었다는 치유효과를 지각하고 있다(정나라·안득수, 2016)'는 결과는 숲태교에 임신 부부가 참여하는 것으로 건강 관련 사회적 비용을 절감시키고 있다는 점에서 일거양득이라고 할 수 있겠다. 숲 치유를 통한 건강 증진 효과가 특히 정서적 측면에서 더 개선되었다는 연구 결과(이미나, 2015 : 박범진 외, 2012 : 김보영 외, 2012 : 장선희, 2012 : 박은경 외, 2011)는 임부가 숲태교를 통하여 심리적 안정을 꾀하면서 태아와 안정적인 상호관계를 구축하는 데 도움이 되고, 임신으로 인한 우울감을 낮추고 자존감을 높일 수 있는 계기를 마련할 수 있을 것이다.

여성들의 사회진출과 고용불안은 우리 사회에 '저출산'이라는 심각하고 거대한 과제를 던져놓았다. 2016년 대한민국의 출산율은 1.17명으로 출산율은 해마다 최저치를 경신하고 있다(통계청). 게다가 결혼 시기가 늦어지고 첫 출산 연령이 높아지면서 2009년 29.0세, 2015년 31.2세로 30대의 출산이 보편화하는 추세이고, 둘째 자녀의 출산은 엄두도 못 내는 현실에 직면하고 있다. 임부의 행복감과 나이는 반비례한다(박혜연, 2015)는 연구결과도 있다. 첫아이의 출산연령이 30대로 높아지고 있는 문제는 여성이 남성과 다를 바 없이 고학력으로 가는 추세에 맞춰 저출산 문제의 해결점을 찾아야 할 것 같다. 행복한 부모에게서 행복한 아이가 출생할 수 있다.

여성들은 임신과 동시에 신체적·심리적·사회적 변화를 겪게 된다. 임신으로 인한 피로와 불안, 스트레스로 인하여 태교에 대한 욕구는 더욱 절실해진다고 하겠다. 더구나 대가족제도에서는 자연스럽게 임부의 돌봄이 이루어지던 것이 핵가족화되면서 아직 경험이 없는 임신 부부의 몫으로 떠넘겨지게 되면서 출산에 대한 두려움은 더 커지고 각종 태교가 다양한 상업적 형태로 왜곡되면서 새로운 스트레스 유발 요인이 될 수밖에 없어 태교를 공익 차원에서 주도해나갈 필요성이 대두되고 있다.

제2장 연구의 목적 및 연구문제

지금까지의 숲태교에 관한 연구는 아주 미미한 수준이고 그것도 양적 연구 위주로 진행되었다고 하겠다. 전통적으로 전해지는 태교의 일환으로 숲에서 활동하고 있다든가 단순하게 숲활동의 대상을 임부(임신부부)로 하여 진행하는 데 그치고 있다. 숲태교를 진행하는 주체도 아직 숲태교에 대한 인식을 제대로 하지 못하는 상황에서 시범적으로 진행하며 추이를 살펴보고 있다. 진행자 또한 숲태교를 하는 전문가이기보다는 숲에 관하여 공부한 사람이나 운동을 했거나 의학, 보건학, 산림학을 전공한 사람들이 여러 가지 형식과 방법으로 진행하고 있었다.

이제 실험적으로 진행하는 숲태교에서 벗어나 전문적으로 임부를 지지하고 지원해서 건강한 자녀를 출산할 방법을 모색해야 할 때이다. 따라서 본 연구에서는 숲태교의 정의는 무엇인지부터 고민을 시작하려고 한다. 그러려면 숲태교의 철학은 무엇이고, 숲태교의 주체적 대상은 누구인지, 그 대상을 위해서 무엇을 어떻게 해야 하는지 탐색해보고자 한다. 지금까지 가지고 있던 숲태교에 관한 선입견을 모두 내려놓고 숲태교 진행자의 경험을 통하여 왜 숲태교를 하는지 누가 진행을 하는 게 옳은 것인지 등에 대하여 알아보고 결과적으로 앞으로 어떻게 해야 하는가에 대한 방향을 찾아보는 데 목적이 있다.

본 연구에서는 숲태교 진행 경험을 통한 숲태교의 의미와 본질을 탐색해보는 것을 목적으로 한다.

본 연구의 연구문제는 다음과 같다.

첫째, 숲태교 진행 경험을 통한 숲태교의 의미는 무엇인가?
둘째, 숲태교 진행 경험을 통한 숲태교의 본질은 무엇인가?

II

이론적 배경

제1장 숲태교의 개념과 특성

태교(胎教)는 한자로 '아이를 배다, 잉태하다, 아이를 기르다'라는 뜻이 있는 '胎(태)'와 '가르치다, 본받다, ~로 하여금 ~하게 함'이라는 뜻이 있는 '敎(교)'가 합하여 이루어진 말이다(네이버 한자 사전, 2017). 태교는 아이를 밴 여자가 태아에게 좋은 영향을 주기 위하여 마음을 바르게 하고 언행을 삼가는 일(네이버 국어사전, 2017)로 '태중(胎中)의 가르침'이라는 뜻이다. 또한, 한국민족문화대백과에는 임신부가 태아에게 좋은 영향을 주기 위하여 말과 행동·마음가짐 등을 조심하는 일로 정의하고 있다. 전통적 태교 내용은 때로 비과학적인 미신적 요소가 없는 것은 아니나, 대부분은 훌륭한 아이를 태어나게 하려고 임부는 물론 주위 사람이 말과 행동에 정성을 다함으로써 태아에게 좋은 영향을 주고자 하였다. 모체의 정서 상태가 태아의 발달에 영향을 미치게 된다는 연구가 있고, 실제로 임신 중의 태아는 모든 영양소를 모체로부터 공급받게 되므로 모체의 정신건강과 영양 상태는 곧 태아에게 영향을 미치게 됨에 따라, 현대에도 태교의 중요성은 강조되고 있다. 태교라는 용어를 'prenatal training(출생 전 훈련)'으로 교육학에서는 'prenatal educational care

(출생 전 교육적 돌봄)', 간호학에서는 'maternal impressions'로 사용하는 것을 보면 학문 분야에 따라서 태교에 대한 철학이 조금씩 다른 것으로 보인다. 태교를 가장 많이 하는 영역은 인성발달로서 좋은 생각을 하려 하였다는 응답이 가장 높게 나타나서 주로 소극적인 방법으로 태교를 하는 것으로 나타났다(안기주, 2000).

태아는 초기 상태에서 자아의 발달이 시작된다고 볼 수 있다. 여기서 초기 상태란 유아기 이전의 태아기라고 할 수 있으며, 이때부터 이미 자아의 발달은 시작되고(Winnicott, 1984) 임산부는 태교를 통해 태아를 인간으로 인식하고 태아와의 정서적 교류를 함으로써 임산부와 태아 간의 상호 애착이 형성된다(Muller, 1996). 태교란 보이지 않는 생명체에게 인격을 부여하고, 그 인격을 발현시키기 위해 노력해야 한다는 교육관이며, 실천방법에 비과학적인 요소가 있다고 해서 태교 자체를 무시할 수는 없다. 행하는 사람의 태도에 따라 정의될 수도 있는 것으로 태아에게 작용하는 수많은 물리적·정신적 환경을 보다 유익하게 만들기 위해 행해야 하는 부모를 비롯한 온 가족의 노력이라고 할 수 있다(박문일, 1999).

태교의 개념을 정리해 보면 태교는 태내기에 임부와 태아를 위하여 최선의 환경을 조성하여 좋은 영향을 받게 하려고 기울이는 노력이라고 할 수 있다. 의미를 좀 더 확대해보면 사전 임신단계부터 시작하여 신체적·정서적·심리적·사회적으로 부모가 되기 위한 자질을 함양한 후에 그 대상을 임부와 태아로 한정 짓는 것이 아니라 임신 부부와 가족으로 확대하고 태아를 하나의 인격체로 인식하여 안정된 태내 환경을 조성함으로써 건강하고 행복하게 키우고자 함께 노력하는 모든 활동을 말한다. 더불어서 태아와 임부 및 가족의 심리적·정서적·사회적 상호작용을 통한 친밀감을 증진해 건강한 가족공동체를 구성하는 차원까지를 내포하는 총체적이며 포괄적인 행위라고도 할 수 있다.

숲태교는 녹음, 향기, 소리, 피톤치드, 음이온 등 숲의 청정한 환경요소를 활용해 자연 속에서 임부(임신 부부)와 태아가 정서적·신체적으로 교감하는 활동이다(산림청, 2017). 임부와 태아의 건강 증진을 위해 숲에서 명상, 산책 등 정서적·신체적 활동을 할 수 있도록 하는 프로그램으로 숲을 걷고 바람과 물소리를 듣고, 나무와 풀 향기를 맡고, 그 속에서 명상과 체조를 하면서 함께 건강한 시간을 보내고 불안감에서 안정감으로의 이행을 장려하고 있다(이미나, 2015). 숲태교에는 임신 16주에서 36주 사이의 임부(임신 부부)가 1박 2일이나 하루의 몇 시간 동안을 참여하는데 숲태교 활동으로는 주로 숲속 명상, 맨발 걷기, 요가, 아이에게 주는 첫 선물 만들기(모빌·꽃 편지·손수건) 등을 하고 있다.

숲태교는 숲에서 진행하는 태교라고 단순하게 생각할 수 있겠으나 숲이라는 공간에서 이루어지고 있으므로 숲이 갖는 공간성과 자연성을 고려하여 태교의 목적을 성취할 수 있도록 한다는 전제를 하고 있다. 숲이 주는 자극은 도시에서 일상으로 받는 자극과 달리 우리의 인체 생리에 적합하고 도시보다 안정적이고 알파파도 훨씬 많이 발생하므로(신원섭, 2014) 임부 스트레스와 피로를 줄이고 무력감을 개선하며 무엇보다도 행복감과 태아에 대한 애착감이 높아지는 효과가 있다(산림청, 2017). 그런데 여기서 말하는 숲의 치유 효과가 가장 높을 것으로 기대하려면 소나무림의 입목밀도가 60∼80%일 때 적합하다(신원섭 외, 2013)고 하면 수종을 어떻게 할 것인지에 대한 고려에서부터 시작하여 경사도, 소리, 햇빛, 경관, 음이 온 등의 수준을 어느 정도 수준까지 갖출 것인지에 대한 조건을 마련하고 방법 면에서도 치유적인 접근을 하는지 아니면 건강 측면을 강조할 것인지, 그리고 전문적으로 진행할 전문요원을 어떤 사람으로 구성하여 대상을 어떻게 할 것인지에 대하여 구체적이고 체계적으로 준비하고 갖추는 것이 선결되어야 할 시점이다.

제2장 임부의 개념과 특성

여성은 임신함으로써 다양한 감정들의 변화를 겪게 되는데 이러한 심리적인 변화가 당연한 것은 임신 전에는 겪어보지 못했던 변화를 경험하게 되기 때문이다. 이 과정에서 임부는 상당한 스트레스를 받게 되는데 대부분 여성은 정도의 차이는 있으나 보이지 않는 태아에 대한 사랑과 불안이라는 양가감정과 분만에 대한 심리적 불안, 걱정과 두려움, 공포, 불쾌감을 경험한다. 그리고 임신 기간이 진행되면서 점차 신체적인 불편감들을 경험하게 되고(Reeder, 1997) 이러한 감정이 임신과 분만의 전 과정에 영향을 미친다.

태어날 아기는 최초의 대인관계를 양육자인 엄마와 이루게 된다. 이때 임부와 태아의 애착이 강화되며 임신 시기에 형성된 임신부 태아 애착은 아이의 평생을 좌우하는 중요한 요소로(Muller, 1996) 태교는 앞으로 미래를 이끌어나갈 아이들의 중요한 시작이라고 볼 수 있다(유현자, 2010). 그러므로 프로이트가 언급한 결정적 시기는 이미 태내기부터 시작되는 것이라고 보아야 적합하겠고 임부의 정서적 안정은 매우 중요하다고 하겠다.

Raymond(2009)는 임신 중 가족의 지지 특히 배우자의 지지가 부족한 경우 극심한 정서적 혼란과 우울을 경험하기 때문에 이를 도울 수 있는 사회적 지지체계가 필요함을 주장하였고, 임신 중 우울에 영향을 미치는 요인 중 하나로 배우자와의 의사소통의 중요성을 강조하고 있고(Lee · Gweon, 2011), 임부가 태교를 실천하는데 결혼만족도가 중요한 요인이라고 보고하고 있다(성미혜 · 주경숙, 2011). 그리고 임부의 스트레스는 부부친밀도 및 가족 지지와는 부적 상관관계를, 피로와는 정적 상관관계를 나타내었다(김미옥 · 유미, 2014). 따라서 임부의 환경에서 태아와 긍정적인 관계를 형성하려면 우선 배우자와의 친밀한 관계를 유지할 필요가 있고, 가족 및 사회적인 지지 · 지원체계가 원활하게 이루어지도록 해야 하겠다.

임부의 개념과 특성을 정리해보면 임부란 임신을 한 여성으로 임신 전에는 겪어보지 못했던 변화를 경험하게 되기 때문에 다양한 감정의 변화를 겪게 된다. 그리고 태아에 대한 양가감정과 분만에 대한 불안, 걱정과 두려움, 공포를 경험하며 배우자뿐만 아니라 가족 · 사회의 지지가 충분할 때 안정된 정서와 감정을 유지하며 태아와 긍정적인 상호작용을 하고 출산할 준비를 해낼 수 있다고 하겠다.

제3장 숲태교에 관한 선행연구

태교에 관한 연구는 태교를 위하여 프로그램을 적용한 효과에 관한 연구는 활발하게 연구되고 있는데 주로 미술태교(우인희, 2015 :

이지혜, 2014 : 박주연, 2011 : 윤미랑, 2013)가 많았고, 음악태교(김영이, 2004 : 김보민, 2010), 춤사위태교(이주영, 2015 : 김한나, 2010 : 배상미, 2007 : 김병철, 2003), NLP기법 활용(공응경, 2012)에 관한 효과를 연구한 보고가 있다. 그리고 애착 관련 연구(박수빈, 2015 : 양경미·김순례, 2010 : 김기영, 2000)와 태교실천(안기주, 2010 : 성미혜·주경숙, 2011 : 박혜연, 2015 : 문지애, 2014), 임신 스트레스(문태영·박순문·한미선, 2010 : 김미옥·유미, 2014)에 관한 연구가 있다. 그 밖에 대학생의 태교 및 태교 교육에 관한 인식조사(이연희, 2010), 한국에서의 태교(김영희, 2009), 심신 과학으로서의 태교(이경혜·배경의, 2004) 연구가 있었다. 이 연구들은 연구방법이 모두 양적 연구인데 질적 연구방법으로 한 것은 첫 어머니됨의 체험 연구(손승아, 2000)와 태교의 의미와 실제에 대한 문화기술적 탐구(김은주·서영희·한미라·조희숙·임재택, 2005), 초보아버지들의 양육특성과 아버지 됨의 변화과정에 관한 연구(김영두, 2011) 등 외의 연구가 보고되고 있다.

숲태교에 관한 연구로 이미나(2015)는 '아유르베다 요법을 활용한 숲태교 프로그램 개발 및 효과'에 대하여 연구하였고, 장선희(2015)는 '숲 태교 프로그램이 임산부의 스트레스와 정서안정에 미치는 효과'를 연구하였다. 이와 같이 대부분 숲태교 프로그램의 효과 검증에 관한 연구(이미나·송준석, 2015 : 박은경 외, 2011 : 박범진 외, 2012 : 김보영 외, 2012)가 있다.

숲태교에 관한 연구는 아직 초보적 수준에 머물고 있으며, 대부분 숲태교 프로그램의 효과를 검증하는 양적 연구 중심으로 이루어져 있고 아직 질적 연구는 보고되지 않고 있다.

III

연구방법

제1장 Giorgi의 현상학적 연구

1. 질적 연구와 현상학적 연구

질적 연구란 연구대상의 경험세계와 의미 세계의 고유성과 연속성을 있는 그대로 인정하고 그 의미를 당사자들의 주관적인 세계 속에서 해석하고자 하는 것이다(조용환, 1999). 질적 연구에서는 연구대상들의 주관적인 의미와 동기, 그리고 상호관계를 유추하고 해석한 바를 상세히 기술하는 방식을 사용한다. 그래서 총체적이고 복합적인 인간 경험과 그 본질에 대한 이해를 가능하게 한다.

본 연구는 숲태교 진행 경험을 분석하는 연구방법으로 현상학적 방법(phenomenological research)을 적용하였다. 현상학 연구는 주어진 현상의 발생적·구성적 근원을 탐구하는 학문으로서, 인식주체가 경험하는 의식작용을 탐구하는 철학적 방법론에 그 바탕을 둔다. 현상학적 연구(phenomenological study)는 인간 경험의 기술(description)에 대한 분석을 통해 경험의 의미를 밝히고자 하는 귀납적·기술적 연구방법이다. 현상학적 연구는 하나의 개념이나 현상(the phenomenon)에 대한 여러 개인 체험(lived experience)의 의미를 기술하고, 어떤 상황에 처한 인간 경험의 본질과 의미를 밝히는 것이다(신경림 외, 2008). 현상학에서 탐구하려는 본질은 대상이 '무엇'인지보다는 '어떻게'에 관련한다. '어떻게'를 알아본다는 것은 대상(주체)과 주체(주관)의 관계에서 어떤 일이 일어나고 있는가에 관심을 두는 것이며, 인과관계를 탐구하는 것이다. 모든 현상의 본질은 체험을 통하여 주체의 의식 속에서 떠오르는 것이기 때문이다. 현상학적 태도는 내담자가 경험하고 있는 바로 그것에 초점을 두도록 한다. 우리가 알아야 할 것은 현상의 본질이 아니며, 현상 경험의 본질이기 때문이다(홍현미라 외, 2008). 현상학은 철학하는 방법으로 '사상 그 자체'로 나아가, 존재 그 자체를 드러나는 대로 보여주는 방법이다.

2. Giorgi의 현상학적 경험 연구방법

본 연구에서는 다양한 현상학적 연구방법 중에 연구참여자의 기술에 관한 심층연구를 통하여 개별적이고 상황적 맥락 속에서 살아있는 경험의 의미와 본질을 밝히는 데 초점을 맞추고 있는 Giorgi의 경험 연구방법을 사용하였다. Giorgi에 따르면 경험의 본질구조를 탐구하기 위해서는 현상학적 환원의 구성요소인 자유 변경의 방법을 사용해야 하며, 인문과학으로서 심리학적인 현상학이 다루어야 할 사태는 '의미'이다. 그는 이러한 의미에 접근하기 위해서는 기존의 방법론이 가지고 있는 선입견으로부터 해방되어 일상적인 삶을 살아가는 우리에게 드러나는, 있는 그대로의 "현상과의 대화"를 통해 판단중지를 수행해야 함을 강조한다(이남인, 2014). Giorgi의 현상학적 경험 연구방법 현상학적 환원과 자유 변경의 방법을 사용하는 자료의 수집과 분석절차로 나누어진다. 먼저 자료 수집 과정에서는 연구참여자들을 대상으로 심층 면접을 실시하고 면접내용을 녹음한 후 그 내용을 필사하여 연구자료로 삼는다. 특히 심층 면접을 통해 자료 수집이 이루어지는 Giorgi의 경험 연구방법은 연구참여자의 수가 많지 않은 것이 다른 연구방법과는 다른 특징이다. Giorgi는 수집된 자료를 통하여 연구참여자들 체험의 본질구조를 밝히기 위한 자료분석 절차를 전체 인식단계, 현상에 초점을 맞춰 현상학적인 의미 단위를 구분하는 단계, 중첩되는 동일한 의미 단위들을 하나의 의미 단위로 바꾸어 나가는 단계, 연구참여자의 일상적 표현을 학문적 용어로 변형하는 단계, 변형된 의미 단위들을 구조라고 하는 일관성 있는 진술로 통합하는 단계의 5단계로 제시하고 있다.

제2장 연구참여자 선정

본 연구의 목적은 숲태교 경험을 통한 숲태교의 의미와 본질을 밝히는 것이다. 연구참여자는 서울시의 도시숲에서 숲태교 진행자로 직접 참여해서 자신의 경험을 충분하게 인지하고 있었고, 숲태교를 진행하면서 임부와 임신 부부들의 활동에 대하여 세밀하게 기억하여 표현해 줄 수 있는 사람들이었다. 연구자는 현상학 연구에서는 참여자의 진술이 중요하다는 점을 고려하였다. 따라서 숲태교를 임부 측면에서 조망할 수도 있겠으나 다른 축인 진행자 처지에서의 조망도 중요할 것으로 판단되었다. 그래서 본 연구의 참여자들은 서울시에 있는 도시숲에서 숲태교를 진행한 경험이 있는 사람들을 주최 측(기관)으로부터 소개받았다. 먼저 기관에 공문을 보내서 연구의 목적을 알리고 도움을 요청하였더니 기꺼이 소개를 해주었다. 일일이 전화로 면담 약속을 하여 9명의 참여자와 심층 면접을 할 수 있었다.

제3장 자료 수집 및 분석

1. 자료 수집

연구의 자료 수집을 위하여 2016년 12월 서울시의 ○○구를 방문하여 담당자와 면담하였다. 기관의 특성상 공문을 통하여 공식적으로 심층 면접 요청을 하였다. 개인정보보호법에 의하여 숲태교 진행자들의 의견을 먼저 조율하고, 연락처를 받은 후 다시 개인적으로 연락하여 동의하는 분들을 만나기로 하였다. 연구참여자들은 숲 관련 공부를 한 사람이거나, 숲 관련 기관에 근무하였다. 2명을 제외하고는 이번에 처음 숲태교를 진행하였으므로 깊이 있는 이해보다는 열정을 갖고 있었다. 인터뷰는 대한민국의 저출산 문제 해소와 건강하고 행복한 자녀 출산이라는 기대감을 갖고 충분히 포화상태에 이르를 때까지 즐겁게 응하였다.

면담 소요시간은 1시간 30분에서 2시간 30분 정도 소요되었다. 면담 내용은 참여자의 동의하에 참여자들이 진술하는 내용을 녹음하여 연구자가 직접 녹취하였다. 면담 시간은 참여자와 협의하여 참여자들이 가장 편한 시간으로 정하였고, 면담 장소는 참여자와 편안하게 이야기할 수 있는 카페에서 만나 차를 마시면서 면담을 진행하거나 근무지로 찾아가서 면담하였다. 인터뷰하는 초기에는 개방형 질문으로 참여자들과 편하게 이야기를 나누기 시작하였다. 그런데 참여자가 생각나는 것을 편하게 이야기하도록 하였더니 면담 초반에는 어색해하기도 하였다. 아무래도 질문에 대한 정답을 이야기하는 데 익숙한 세대들이어서 그런 것이 아닌가 하는 생각을 하였지만 그런데도 연구자가 숲태교의 진행 상황에 대하여 전혀 모른다는 태도를 일관하였더니 답답함이 해소되면서 자연스럽게 생각나는 것들을 이야기하기 시작했고, 말하다 보니 자꾸 생각이 난다면서 차츰 하나하나 떠오른 장면들에 관하여 표현하기 시작했다. 그러다가 어떤 부분에서는 목소리를 높여 자신의 의견을 주장하기도 하였고 정책적 제안이나 기대, 바람을 이야기할 때는 사뭇 진지해지는 분위기도 엿볼 수 있었다. 연구자는 면담을 진행하는 동안 연구참여자의 비언어적 메시지에 주목하였다. 참여자의 몸짓, 표정, 목소리의 강약 등 비언어적 표현에도 집중하여 세밀한 부분까지 관찰하였다. 편안하게 이야기하면서 더 이상 이야기할 것이 없을 때까지 자료의 포화 상태를 느끼면서 면담을 마무리하였다. 그리고 때에 따라 재면담을 요청하면서 수집하였다.

다음은 연구문제를 해결하기 위한 질문들이다.

- 숲태교를 어떤 경로로 진행하게 되었나?
- 숲태교를 진행하는 사람은 어떤 사람인가?
- 숲태교는 무엇이라고 생각하는가?
- 숲태교를 진행하는데 철학은 무엇인가?

- 숲태교를 진행하면서 숲태교에 대한 가치는 무엇인가?

- 숲태교는 어디서 진행하는가?

- 숲태교는 언제 진행하는가?

- 숲태교의 대상은 어떠한가?

- 숲태교는 어떻게 진행하는가?

- 숲태교는 왜 하는가?

- 숲태교를 진행하는 주체는 어떠한가?

- 숲태교를 진행하면서 어떤 일들을 경험하는가?

- 숲태교를 진행하면서 가장 보람 있을 때가 언제인가?

- 숲태교를 진행하게 하는 요인은 무엇이라고 생각하는가?

- 숲태교를 진행하면서 가장 힘겨웠던 것은 무엇인가?

- 숲태교를 진행하면서 원하는 것이나 기대는 무엇인가?

2. 자료 분석

본 연구에서는 본질적 주제를 찾기 위해 몇 가지 구체적인 주제 분석과정을 거쳤다. 연구참여자들과 연락한 다음에 연구참여자들의 동의를 얻은 후 면담을 하면서 녹음기에 녹음할 수 있었다. 면담을 진행하면서 연구참여자의 비언어적 요소는 미리 준비한 연구 수첩에 간단하게 메모를 하였다. 면담을 마치고 내용을 반복해서 들으며 연구참여자의 목소리, 말 빠르기, 강도 등에 주의하면서 들었고, 면담공간이나 연구참여자의 비언어적 요소들을 떠올리면서 간단하게 메모했던 것을 정리하였다. 연구참여자의 녹음내용을 반복하여 들으면서 녹취하였고, 녹취록을 소리 내어 읽어보면서 가능한 한 참여자의 경험에 공감하면서 의미를 찾기에 이르렀다. 그다음에 녹취 내용과 원자료를 비교하였다. 문장 하나하나를 살피고 주요 경험들을 텍스트로 분리하였다.

분리한 텍스트를 구분하여 주제별로 나누고 연구참여자가 진술한 경험의 의미를 깊이 이해하고자 하였다. 분석과정은 녹음내용을 반복하여 듣고 녹취한 것을 반복하여 읽으면서 떠오르는 생각들을 메모하였다. 전체적으로 메모의 내용과 비교하면서 읽으니 연구참여자들의 본질 주제를 발견할 수 있었다. 연구자는 원자료를 가지고 의미를 나타내는 의미 단위를 찾아내고 의미 단위를 분류하여 범주화하였다. 연구자는 전지를 이용하여 의미 단위들을 오려 비슷한 것끼리 모아 분류하였다. 그리고 배열된 의미 단위들을 다시 의미에 따라 분류하여 하위범주를 정하였고, 공통적이고 핵심적인 내용을 정리하였다. 연구참여자들의 공통적인 현상을 분석하여 공통주제를 찾아내려는 과정을 거쳤다. 녹취를 반복하여 읽으면서 현상의 특징적인 본질 주제를 도출하기 위해 전체로서의 진술의 근원적 의미와 주요 의의를 포괄하는 간결한 문장을 선택하려고 노력하였다. 연구참여자의 경험이 무엇인지 그 의미와 본질을 찾아내기 위하여 다시 본질 주제를 관통하는 그림을 모형으로 그려보았다.

제4장 윤리적 고려 및 평가

1. 연구참여자의 윤리적 고려

본 연구는 질적 연구로 참여자들에 대한 윤리적 고려가 중요한데 참여자들의 경험에는 프로그램을 주관한 주최 측과 주관 기관이 있으며 대상자들이 있어서 그들에 대한 윤리적 고려가 함께 이루어져야 했다.

연구의 윤리적 측면은 무엇보다 연구참여자와의 신뢰 관계를 형성하여 자발적인 의사에 의한 표현이 이루어지도록 요구되므로 연구자의 신분과 연락번호를 알려준 후 주최 측의 동의와 참여자의 동의를 동시에 얻은 후 인터뷰를 시작하였다. 혹시 주최 측에 본인들의 신분이 노출되는 것에 대하여 염려되는 부분에 있어서 엄격하게 보호한다는 것을 이야기하였다. 연구참여자에 대한 고려는 연구목적과 연구의 진행 및 참여에 대하여 안내하고 충분히 설명하여 참여자의 마음이 편안하게 열릴 수 있도록 심리적으로나 정서적으로 부담을 느끼지 않은 경우에 참여할 수 있도록 하였다. 그래서 실제로 한 분은 약속하고도 반복하여 약속을 지키지 않았는데 그의 마음을 이해하고 배려하는 마음으로 면접하려던 계획을 중단하였다. 그러고는 참여자의 자기결정권을 존중하고자 하는 연구자의 의도를 정중하게 전달하였다. 연구자는 참여자가 연구 참여에 자발성이 있어야 하고 아무런 제재 없이 연구 참여를 중단할 수 있으며, 연구 참여에 대하여 비밀보장은 물론이거니와 권리를 보장할 것이라는 점을 설명하였고 참여자의 동의를 얻었다. 연구자는 면담 내용의 녹음 및 녹음 내용의 관리와 폐기에 대한 보장성과 자료를 연구목적으로만 사용할 것을 약속하였다. 또한, 참여자의 신분보호와 개인정보 보호를 위하여 익명으로 표기할 것이라는 점을 말하였다. 참여자가 원할 경우, 언제든지 면담을 중단할 수 있으며 참여자가 원하지 않는 내용은 삭제함으로써 참여자의 권리를 보호할 것을 협의하였다. 실제로 면접 과정에서도 개인적인 부분을 이야기할 때는 녹음을 중단하는 것으로 보호하고 있다는 것에 신뢰감을 주도록 노력하였다. 참여자 와 연구자의 신뢰는 비밀유지에 대한 약속을 엄수하는 것과 서로의 의견이 존중받으면서 표현될 수 있도록 배려하였다.

2. 연구방법의 평가

본 연구를 수행하면서 연구로서의 엄격성과 정당성을 확보하기 위하여 Guba & Linclon(1981)이 개발하여 제시한 사실적 가치(truth value), 적용성(applicability), 일관성(consistency), 중립성(neutrality) 을 충족하기 위하여 노력하였다.

첫째, 사실적 가치는 참여자의 지각과 경험의 진가(true value)를 평가하는 기준으로 양적 연구의 내적 타당도에 해당하는 것이다. 본 연구에서는 연구참여자의 지각과 경험의 진가를 높이기 위하여 신뢰 관계가 유지되도록 노력하였다. 본 연구의 연구참여자는 모두 숲태교 를 진행한 사람들이므로 연구자는 진술 내용의 분석결과가 연구참여 자 경험의 현상을 동일한 맥락에서 이해하기 위하여 노력하였다.

둘째, 적용성은 연구결과를 연구 상황 이외의 맥락에서 연구자료 가 적용될 수 있는 정도인 일반화를 말하는 것으로 양적 연구의 외 적 타당도에 해당하는 것이다. 적용성은 더 이상 새로운 자료가 나 오지 않을 때까지 자료를 심층적으로 수집하고 포화시킴으로써 이 루어지는 것으로 전사성(transferability)으로 평가된다. 본 연구에서 는 연구참여자의 표현에서 더 이상 새로운 자료가 나오지 않을 때까 지 자료를 수집하고 그 의미를 발견하도록 하였다. 전체적으로 자료의 대표성을 검증하고 자료로부터 분석한 출처와 예의 대표성을 검사하였다. 또한, 결과의 적합 여부를 결정하기 위하여 자료의 출처와 자료수집절차의 삼각화(triangulation)를 시도하여 연구참여자의 확인과 연구참여자가 아닌 다른 대상자에게 연구결과를 보여주고 자신의 고유한 경험에 비추어보았을 때 의미 있고 적용력이 있다고 공감하고 충분히 이해할 수 있는지를 검토하였다.

셋째, 일관성 혹은 확실성(dependability)은 자료의 수집과 분석을 통하여 결과가 반복되고 일관성이 있는지를 평가하는 기준으로 양적 연구의 신뢰도에 해당한다. 질적 연구는 경험과 환경의 독특성을 강조하므로 공통적 반복이 아니라 경험의 다양성이 추구된다. 따라서 본 연구의 과정에 따라 진행될 경우 다른 연구자들도 비슷한 결론에 도달할 수 있도록 상세하게 구체적이고 분명한 과정을 설명하여 일관성을 높이도록 노력하였다. 본 연구에서는 연구 과정에서 나타나는 결과를 본 주제에 대하여 경험과 지식이 있는 분들과 함께 검토하고 수정·보완하였다.

넷째, 중립성은 연구 과정과 결과에서 모든 편견으로부터의 배제와 해방을 의미하는 것으로 양적 연구의 객관성에 해당한다. 질적 연구에서의 중립성은 '확인할 수 있는 것(confirmability)'으로 사실적 가치, 일관성, 중립성이 충족될 때 획득된다(Guba & Linclon, 1981). 본 연구자는 연구참여자의 상황에 감정이입이 되지 않도록 일정 거리를 유지하며 중립성을 유지하기 위하여 노력하였고 '숲태교 진행 경험'에 대하여 선이해, 가정, 편견 등을 배제하며 실제의 상황이 왜곡되지 않게 하려고 현장기록을 연구 시작부터 완결에 이르기까지 계속하였다.

IV

연구결과

제1장 연구참여자의 특성과 기술

1. 연구참여자의 특성

연구참여자는 도시숲에서 숲태교 프로그램을 진행했던 사람으로 공모에 합격하여 진행했고, 주최 측의 추천으로 진행하기도 했으며, 주최 측과 MOU를 맺은 단체에 소속되어 진행에 참여했고, 자원봉사로 참여 기회를 얻기도 하였다. 또한, 검사자 한 명만 제외하면 모두 기혼으로 자녀 양육의 경험이 있는 여성분들이었다. 이들의 인구학적 특성은 다음과 같다.

〈표 1〉 연구참여자의 인구학적 특성

참여자	참여 시 관련 자격	학력(전공)	나이	숲태교에서의 역할
1	산림치유사 1급	대졸(간호)	58	진행자
2	숲해설가	대졸(디자인)	52	숲해설, 진행자
3	걷기지도사	대졸(미술)	54	걷기지도, 진행자
4	예비 산림치유사	대졸(유아교육/조경)	48	자원봉사자
5	산림치유사 1급	대졸(조경)	49	보조진행자
6	산림치유사 1급	대졸(간호)	61	주 진행자
7	뇌파검사	대졸(유아교육)	66	뇌파검사 실시
8	유아 교사	석사(유아교육)	38	프로그램 기획/진행
9	태교 전문가	박사(유아교육/사회복지학)	65	전체 프로그램 실행

2. 연구참여자의 기술

<연구참여자 1>

연구참여자 1은 5~6년 전에 숲 해설을 공부한 후에 보건 전공자로 산림치유사 자격을 취득했다. ○○보건소의 숲태교를 5년 전부터 진행하면서 산림치유사 공부를 하게 되었다. 이번 숲태교에서는 한 번에 보통 대여섯 명 정도의 임부를 대상으로 월, 수, 목요일에 6주 동안 18회기를 운영했다. 2시간이었는데 대부분 시간을 초과했다. 숲태교를 진행해달라는 연락을 받았을 때 해본 경험이 있고, 시간이 2시부터여서 즐거운 마음으로 참여할 수 있었다. 더구나 파트너 진행자가 숲 공부를 같이하면서 친밀했던 분이었다. 임부들은 하늘도 예쁘고, 단풍도 예쁜 계절에 참여하여 너무 좋아했고, 서로 친해지니까 점심식사나 간식을 싸 와서 나눠 먹기도 하여 끝나고도 단체 카톡방으로 이어졌다. 임부들이 좋아하는 프로그램 중에서 숲의 다양한 경험을 응용하여 만들기도 많이 했고, 정신적으로 엄마 아빠가 될 준비도 중요할 것 같아서 정서적인 면에 더 비중을 두고 진행하였다. 거의 다 태교를 하고 있지만, 숲태교에서는 접근성 좋고, 쾌적하고, 또 오면 즐거운 도시숲에서 자연을 접하며 좋은 공기를 마시고, 즐겁게 대화하고, 걸으면서 아름다운 풍경을 보고, 나무에 대한 감동적인 스토리텔링도 들었다. 스토리텔링은 그 나무의 산림적인 요소를 바탕으로 철학을 뽑아내서 심리적으로 접근하는 것으로 자연을 매개체로 대화를 이어나가기 때문에 임부들이 교육받는다는 느낌을 받지 않았다. 임부다 보니 코스를 다양하게 잡을 수가 없을 뿐만 아니라 끊임없이 안색을 살피고 몸을 살피며 안전에 유의하였다. 혹시 벌레한테 물릴지 모르니까 모기장을 쳐놓고 명상하였다. 담당자가 전폭적으로 지지를 해주어서 숲태교를 앞으로 계속 진행하고 싶다고 생각할 정도였다. 이제 다른 임부들도 많이 혜택을 받았으면 좋겠다. 숲태교가 잘 이루어지려면 임부도 중요하지만, 치유사도 중요하고 지원해주는 주최도 중요한 요소여서 차이, 생각, 어떤 마인드, 어디에 포커스를 두느냐도 중요하다. 숲태교 대상을 임신 준비단계인 대학생이나 사회 초년생들, 예비 엄마 아빠에게도 확대하면 참 좋을 것 같다.

<연구참여자 2>

연구참여자 2는 숲태교를 숲 해설의 한 분야로 인식하였다. 결혼하고 경력이 단절되다가 비록 계약직이고 비정규 일용직이지만 현재의 일을 갖게 된 것에 상당히 자부심을 느끼고 만족하고 있다. 테크닉보다 자연을 같이 관찰하는 데 안내해준다는 마인드를 지니고 있다. 숲태교 진행자는 기관도 중요하지만, 그것을 신뢰하고 오는 참가자들이 중요하다. 참가자들이 없으면 사실 프로그램 자체가 필요가 없는데 홍보물 보고 찾아오는 분들이 있다는 거는 그만큼 인식이 되어가고 있다는 것이다. 부부 대화하는 시간을 주면 엄마가 느끼는 것을 태아가 그대로 느끼기 때문에 태아가 상당히 잘 움직인다는 임부들이 많았다. 새 식구를 맞이하는 것에 중점을 두고 태어날 아이를 생각하면서 부모가 같이 자연물로 꾸미기를 하고 바라보면서 둘이지만 한 사람이라고 느끼게 되는 감정이 현장에서 충분히 분출되도록 했는데 의도했던 것보다 그분들이 더 올라온다. 안전을 기본으로 하여 자연을 느끼며 눈에 보이지는 않지만 둘 가운데 태아가 있다는 존재감을 같이 느낄 수 있게 마음을 풀어내는 것이 가장 중요했다. 바라보는 진행자가 행복할 정도로 서로 배려해 주는 모습이 엄마 같은 입장에서 기뻤다. 숲태교는 숲에 와서 숲을 바라본다는 자체가 마음을 열게 하여 숲이 주는 선물이라고 생각하면 될 것 같다. 서로 주고받는 그 눈빛, 아기의 대명사처럼 귀중하게 여기는 결과물, 정성스러운 활동이 무리 속에서 좋은 쪽으로 동화가 되는 것도 좋은 효과라고 볼 수 있다. 오일마사지 하면서 의사소통하는 것을 배우는데 대상자가 성인이니까 훨씬 더 집중해서 받아들인다. 주최 측의 요구조건에 맞추려면 굳이 만들기가 필요 없는데도 하게 되니까 주어지는 프로그램을 진행만 하는 처지에서는 진행자와 기획단계부터 같이 이야기되면 좋겠다는 생각을 한다. 주최 측은 숲태교에 대한 인식이 조금 부족하여 겨울이면 무조건 추워서 안 된다고 하지만 준비를 철저히 해서 햇빛이 아주 좋은 시간대에 시간을 짧게 하여 진행하면 임부의 우울증 예방 차원에서도 필요하다. 일 년 내내 한겨울에도 숲태교를 하면 좋겠다.

<연구참여자 3>

연구참여자 3은 직업이 따로 있는데 담당 직원이 숲해설가와 같이 진행하도록 추천해주었다. 임신 부부를 6~7팀씩 신청받아서 상·하반기 3개월씩 격주로 토요일에 둘이 진행했다. 생각보다 길고 대상자가 매번 바뀌었다. 우리 지역에서 오는 분도 많았지만 멀리서 참석하시는 분들이 많았다. 부부가 오면 모이는 대로 태명을 적은 목걸이를 만들어서 각자 소개를 하면 시작하기 전에 걷기지도자로서 임부들의 바른 자세라든지 걷기, 기본 스트레칭, 요가를 하였다. 숲에 앉아있기만 해도 힐링이 되고, 누워서 하늘을 보면 나뭇잎 사이로 나오는 하늘이 너무 예뻐서 진행자도 힐링이 됐다. 자연을 접하면서 하는 것보다 좋은 태교는 없다고 생각한다. 요즘은 태명이 기상천외해서 이름만 듣고 설명을 듣지 않으면 뜻을 알 수 없었다. 배우자와 같이 손을 잡고 스킨십 하는 운동 위주로 임부들에 맞추어 변형해서 했다. 우리가 평소에 듣지 못하는 숲 해설을 듣는다든지 숲속에서 태교하는 임부들이 자식 같다는 생각도 들고, 아기를 가진 임부들이 좀 더 마음도 따뜻하고, 태아에게 편지 쓰는 것도 둘이 머리를 맞대고 진심을 담아서 정말 열심히 나뭇잎을 붙이고 적는 모습들이 예쁘니까 담당자에게 내년에도 가능하면 내가 꼭 하고 싶다고 얘기했다. 자기가 신청해서 시간에 맞춰서 시간을 내서 오는 거니까 하나라도 더 귀 기울이는 눈빛 자체가 다르고, 아기를 가진 엄마로서 내가 너무 좋아하고 즐거워하는 것이 모두 태교가 된다는 관점이 완전히 다른 것이었다. 아기가 중심이고 아기한테 좋은 걸 보여주고 아기한테 좋은 말들을 많이 해주고 나중에 아기가 태어나면 숲에 데리고 와서 이런 설명을 해주라는 팁을 주면 내 자식한테 알려줘야 한다며 듣는 게 달랐다. 남편이 멀리서 아내와 함께 숲태교에 참석한다는 자체가 아내에 대한 애정이 남다르다고 볼 수 있다. 임부들이 다이어트에 관한 관심이 높았고 남편과 다른 자세로 하도록 조정하며 세세하게 신경을 써주었다. 미세먼지가 심하거나 날씨 변화가 심한 날은 주최 측에서 취소를 시켰지만, 마음이 변해서 취소하는 경우는 거의 없었다.

<연구참여자 4>

연구참여자 4는 산림치유사 과정을 공부하는 중이며 유아교육과 조경학을 전공한 48세의 자원봉사로 3회 정도 참여하였다. 임부들은 숲에 나가는 것만으로도 새롭게 느껴지고 남편이랑 같이 오니까 좋다고 했다. 명상시간에 아로마 마사지를 하고 누우니까 남편들도 주말이라 피곤하고 숲이어서 완전히 이완되어 자는 사람이 많았다. 목요일은 자영업자거나, 미리 휴가를 내서 참여했다. 임부들이 배를 만지면서 태아가 너무 좋아서 막 움직인다고 만져보라고 하였다. 여기 오기 전에는 힘들어서 배가 딴딴했었는데 이렇게 풀어지고 아이가 이렇게 움직이며 좋아한다고 하면서 엄마가 편안해지니까 그런가 보다고 하였다. 엄마가 이렇게 행복해하니 배 속의 아이는 얼마나 행복할까? 여름에는 도시숲이 모기가 많은데 임부들이 모기를 잡아가면서도 감사하는 마음을 표현했다. 무료라는 것도 좋고, 몰랐다가 참여하게 되어 좋은데 더 많았으면 좋겠다고 하였다. 처음에는 많이 긴장했는데 열린 마음으로 하니까 차츰 편안해지고 몰입하였다. 제일 좋았던 것은 아로마 오일 마사지를 숲에서 하니까 어떤 전문가가 하는 것보다 좋지만 태아에게 저음의 아빠 목소리로 시도 읽어주고, 동화를 들려주는 것이 좋았다. 열린 공간에서 나무 냄새 느끼고 새소리 들으면서 하니까 배가되는 것 같았다. 만삭의 어떤 임부는 숨이 고르지 못하기도 해서 훨씬 조심스러웠다. 그래서 힘들면 쉬면서 체력만큼만 하라고 얘기해도 다들 잘 따라 해서 한 사람도 쉬지 않았다. 누워서 명상하는 것을 제일 편안해했는데 임부는 똑바로 눕지 못하니까 모로 누웠는데도 편안해하였다. 요즘엔 정보력이

있고 늘 뭔가를 하려고 하는 분들이라 어디선가 알고 참여하였다. 임부는 변수가 많아서 접근성, 안정성을 고려하여 아늑하고 작은 이 도시숲을 선택한 것 같다. 소음 때문에 신경 쓰였는데 이만큼 올라오는 것만으로도 이분들을 많이 배려한 위치 선정이었다.

<연구참여자 5>

연구참여자 5는 조경학을 전공한 49세의 숲치유사였다. 이번에 처음 진행하게 되었는데 보험, 보장이 전혀 안 되는 일용직이다. 주최 측은 프로그램이 없거나, 비가 온다든가 하여 취소되면 숲태교를 위하여 이미 책정되었던 비용인데도 비용이 지급되지 않았다. 프로그램 전체에 대해서 의견을 주고받았지만, 보조진행자로 관찰자 입장 같았다. 말 그대로 보조였다. 임부들은 한 달 전에 예약한 초음파 검사 날짜가 겹치기도 하고, 의외로 직장맘들이 많아서 직장의 출장이 잡히기도 하고, 남편 문제 등 나름대로 여러 가지 사정이 있어 못 오기도 했다. 강제성이 없고 대상자가 특이하니까 전날까지 온다고 해서 준비를 다 해놨는데, 아침에 일어나 보니 몸이 안 좋다거나 어제 저녁에 넘어져서 겹질려서 손목이 아프거나 발목을 다쳤다고 하는 등 변수가 많았다. 그렇지만 1회기로 끝나면 사실 크게 도움이 되지 않고 연속성이 있는 게 좋았을 텐데, 별로 도움이 되지 않았다. 임부들과 전화 통화하면서 어떤 게 좋았는지 물어보고 싶었는데 중간자 입장이어서 듣는 게 진행자에게 영향을 미칠 수 있을 것 같아서 일반적인 날씨나 안부 정도만 물어보았다. 그래도 힐링 받았다고 하면 좋다. 그때는 보람이 있다. 임부들이니까 동적인 활동을 많이 하지는 못했고 부채를 만들 때는 남편들의 참여도가 더 좋고 부부간에 뭔가를 만들 때 가장 표정이 밝고 진지했다. 새 생명을 잉태한 분이고, 그것을 잘 가꾸고 지키기 위해서 두 사람이 합동해서 집중하는 것을 보면 진행자도 좋고 행복해진다. 요즘 아빠들은 적극적이어서 인터넷을 찾아보고 같이 숲태교도 온다. 놀라운 게 어떤 분들은 아빠가 하는 태담이 좋다고 하니까 집에서 규칙적으로 늘 같은 시간에 동화책을 읽어주고 출퇴근할 때 엄마 배에 대고 아빠 다녀온다고 하면서 태아에게도 인사를 하고 있다고 하였다. 태교 일기를 쓰는 분이 본인의 사진을 찍은 것을 보내달라고 하여 보내드리기도 했다. 부부가 태교를 같이 하셨다는 분들은 확실히 더 적극적이고 진지했다. 소음문제 하나만 빼면 임산부들에게는 도시숲으로 오라는 게 접근성, 화장실 문제, 도로에서 가까운 주차장, 응급상황 대처 면에서도 안심이 되었다. 임부를 보는 것 자체가 행복한데 너무 불안하고 참여율도 높지 않다. 뭔가를 많이 하려고 하는 게 임부들에게 스트레스가 될 수 있으니까 조용히 나 혼자 마음 가라앉히고 걷는다든가 내버려 두는 게 좋은데 그 기간이 좀 짧은 것 같다. 숲 입구에서보다 안에 들어가면 기분이 달라져서 임부들 표정이 바뀌고 편안해진다.

<연구참여자 6>

연구참여자 6은 61세 숲치유사로 주 진행자였다. 태교는 처음 진행하였다. 주말에 임신 부부 대상으로 주중에는 몇 번 안 되어 멀리서 오는 분과 함께 진행하였다. 총 14회 정도, 10명 전후로 9월부터 했다. 처음이라 도시숲이 정비되지 않았고 물품 보관소가 없어 진행

자의 차에 싣고 다녀야 했다. 신청하고 시간이 맞아야 참가하니까 3
~4회차를 진행하기엔 변수가 많고 어렵다. 남편들이 2시간 하는 것
도 바빠했다. 그러나 별로 기대하지 않고 왔다가 자기가 할 수 있는
일이 생기고 마사지하니까 아내가 좋아하고 받아보니 좋고, 웃을 일
도 생기고, 마음도 나눌 수 있으니 좋아했다. 임부들도 공원 숲에 들
어온 것 자체만으로도 도움이 되고 좋으니 시끄러운 것은 인정하고
아이랑 얼마나 친밀감을 형성하는지에 초점을 맞춰 시작했다. 이미
태담을 하는 사람들도 한두 분 있었다. 압화 부채에 쓰고 꾸미면서
그다음에 아이의 태명에 관하여 이야기하였다. 숲에 오는 것 자체가
좋고, 숲에서 심호흡 방법, 바르게 걷는 방법, 우리 아기를 생각하면
서 열매를 찾고 꾸며보고 그랬을 때의 느낌을 이야기하였는데 대부
분이 행복한 시간이라고 했다. 사진을 찍기도 하는데 사진이 참 예
뻤다. 태교는 아직 세상을 보지 못한 생명과 엄마와 아빠를 연결해
주는 것이고 숲태교를 하면서 태담을 들으면서 태어난 아이들은 성
격이 좋아 사회성도 좋고, 아이들이 유난히 잠 안 자고 그런 것도 없
다고 한다. 1회에 2시간씩인데 임부들이 벌써 다 끝났냐고 아쉬워하
며 좋아하고 행복해하는 모습을 보는 것이 치유사인 나는 오히려 힐
링이 되니까 힘들지 않았다. 새로 태어난 생명에 대한 기여를 한 느
낌이 좋고, 어른들은 균형 감각 향상을 위한 것이 좋고, 아이들은 엄
마에 대한 불안감을 줄이는 효과도 있지만, 스트레스를 풀어주니까
좋고, 엄마가 불안감을 줄이고 엄마에 대한 힐링도 있지만, 아기나
아빠의 힐링도 되니까 보람도 있다. 아기랑 편하게 소풍 왔다고 즐
긴다고 생각하라고 하였다. 뭔가를 배운다기보다 편하게 즐기시라고
하였다. 전철 탔을 때 '임산부석'이 있는 것처럼 사회적으로 배려하

고, 무료로 숲태교 하면 아이를 키우는데 재미있고 가족의 친밀감도 높아지면 '하나를 더 낳아야지'라고 할 수 있을 것 같다.

<연구참여자 7>

연구참여자 7은 유아교육을 전공한 뇌파검사 전문가로 66세 미혼이었다. 숲태교 참여 후에 어떤 변화가 나타날까 궁금해서 뇌파검사를 통해서 검증을 시도해보았다. 검사는 1회기와 4회기에 참여한 분을 대상으로 두 번 실시하였다. 좌우 뇌 균형 정도와 항스트레스 지수의 변화를 중점적으로 보았더니 항스트레스 지수가 논문에 적합할 정도의 의미 있는 변화는 아니었지만, 긍정적인 방향으로 조금 있는 것으로 나타났다. 좌우 뇌 균형은 기능적인 부분에서 유의미한 결과가 나왔다. 객관적인 수치 자료를 근거로 5주 차에 상담하였다. 임부에게 현재 상태를 알려드려서 만약에 과하면 기분 좋은 것을 많이 생각하고 좋아하는 어떤 것을 하거나 이런 상담을 해서 가라앉히게 할 필요가 있고, 너무 적은 쪽에서 문제라면 이런 데 나와서 열심히 활동하고 걷기도 하라는 조언을 줄 수 있었다. 부부가 편안하게 와서 조용히 활동하니까 다들 더없이 밝다. 부부 중심이긴 하지만 그룹으로 어울려서 서로 주고받으며 만들기를 해도 주변과의 관계는 무난하였다. 임신 부부로서는 무료로 혜택을 받고, 숲태교에 와서 좋은 얘기 듣고, 좋은 활동하고, 유기농 음식으로 준비한 맛있는 식사를 하니 좋아하고 너무 감사하게 생각하며 돌아갔다. 주최했던 입장에서도 감사하게 생각해주고 기대된다면서 가는 게 고마웠다. 임부들은 자기의 상태가 태아에게도 영향을 미친다고 하니까 태아까지 영향을 준다고 생각하며 보는 것이고 임부는 두 생명을 같이 보는 것이라고 생각하면 정말 조심스러웠다.

<연구참여자 8>

연구참여자 8은 세 자녀의 엄마로 38세이며 유아교육학 석사로 이번에 전체적인 준비사항을 진두지휘하면서 모든 서류작업을 하였다. 그동안 경험했던 태교는 문화센터에서 뭐 만들고, 실내에서 앉아서 하는 부분들이 많았고 삐까번쩍한 것 만들고 이런 결과물에 혹하게 되기도 한다. 임부 혼자 참여하는 게 많았고 태교가 사실 그냥 하는 것도 태교고, 숲태교도 태교겠지 생각했다. 숲에 대해서 이해가 있는 강사들이 4주를 연속하다 보니까 임부들이 와서 다양하게 느끼고 자연적인 물건을 만지면서 그 감각들, 건강함이 태아한테까지 전달이 된다는 것들을 좋아했다. 공간이나 화장실 문제, 의자가 없는 부분들이 조금 불편해하기는 했었지만, 정신적 심리적으로는 맘 편해 좋았다, 남편이 토요일 날 시간을 내서 온다는 것 자체만으로도 임부들의 표정이 좋았다. 부부가 서로 얘기하면서 만들고, 숲 요가에서 부부가 함께 출산하기 편한 자세를 배우고, 휴식시간에도 둘이 나무에 기대서 휴식을 취하기도 하면서 부부간의 돈독함을 더해준 것 같다. 숲길이다 보니까 올라가고 울퉁불퉁한 길을 내려가야 하니까 남편들이 자연스럽게 손을 잡아줄 수밖에 없었다. 단순히 프로그램을 진행했다는 게 아니라 부부간의 상호작용을 통해서 태아도 계속 듣고 있고 느낄 수 있다는 점을 고려하였다. 숲에서는 숲에 있는 천연재료들을 이용해서 건강하고 좋은 것들을 만들어 나중에 이 아이가 만지고 놀아도 괜찮다는 점을 신기해하고 만족하였다. 그리고 더 나아가서 임부들이 익혔으니까 태어난 아이들한테도 전달해 줄 수 있다. 숲에는 차가 못 올라오니까 만들기 물품이나 식사들을 들고 날라야 하는 건 조금 불편했는데 임부들한테 좋은 음식을 주고자 하는 목적이 있어서 힘들게 여기지는 않았다. 처음 진행한 것치고는 잘 이룬 것 같다. 협력하던 사람들이 많이 도와줬었기 때문에 손발이 잘 맞았었다. 태아를 바라보고 숲태교를 해야 하는데 숲 관련 자격증을 가지고 오신 분들이 있었지만, 숲태교까지 더 깊숙이 이해하기는 조금 힘들었다. 태아에 대한 이해가 분명해야 숲태교 진행이 달라질 수 있지 않을까 싶어서 숲태교 전문가가 필요하다고 생각했다.

<연구참여자 9>

연구참여자 9는 유아교육과 사회복지학 박사이고 65세로 태교만도 95년도부터 시작해서 숲태교를 전체적으로 이끌어 갔다. 태교가 중요한데 꼭 숲에서 해야 한다고 생각하지 않지만, 숲이라는 공간에서 더 극대화되겠다는 관점으로 접근하였다. 임신해서 출산하는 과정까지만 단편적으로 보는 것이 아니라 계획 임신에서부터 태어난 아이들의 향후까지를 어떻게 연결을 해주어야 하는지에 대해 고민하고 시작한 것이다. 급격한 사회변화로 많은 사람에게 영향을 줘야하겠다는 시점에 달해서 하나의 모델로 제시해줘야 하겠다는 생각으로 드러내놓고 공개적으로 국가지원을 받으면서 하게 되었다. 숲태교를 자연주의 관점을 근간으로 생태주의를 철학적 배경, 사상적 배경으로 하였다. 인간주의 중심 상호작용은 태아의 인격적 존중을 위해서 엄마와 태아의 소통이 안정적이려면 부부소통이 전제되어야 한다. 부부 중심 위에 가족들이 지지를 해줘야만 부부의 안정적 태중 환경기반이 만들어진다. 더 나아가서는 국가와 사회가 임부와 태아의 소통환경을 만들어주는데 이런 쾌적한 자연환경이 같이 주어진다면 태아에게 정서적으로 안정된 태중 환경이 마련될 것이다. 280일 중에 4회만 한다는 것은 절대적으로 부족하여 다음에는 그나마 5회기로 늘리기로 하였는데 임신준비에서부터 낳을 때까지의 체계적이고 계획적인 지속성은 더 필요하다. 프로그램을 통해서 태아를 이해할 기회를 더 많이 가져야겠다는 생각으로 횟수를 늘리는 것이다. 사전에 우리의 목적을 알리고 준비가 되는 사람만 신청하도록 공지했다. 하루에 3시간 이상 진행하기 때문에 여럿이 함께하는데 진행하는 사람들은 임신부부에게 프로그램을 적용했을 때 임신부부가 기대하는 것이 무엇인지 예상하여 프로그램을 계획하고 장소, 환경, 대상자들의 현재상태와 임신주기 등을 섬세하게 고려해야 된다는 점에 대해서 충분하게 숙지하고 있는 분들이었다. 숲태교는 편안하게 진행하면서 참여자의 반응에 일희일비하지 않는다. 진행자는 자신이 경험한 방향을 롤 모델이 되어 직접 안내를 해줄 때 임부의 관점에서 신뢰할 수 있다. 태교는 태아가 중심이고, 대상이고 주체다. 태아가 잘 성장할 수 있는 태중 환경을 만들려면 임부가 심리 정서적인 것뿐만 아니라 영양, 건강, 태아 중심의 안정된 환경이 잘 조성되도록 지지해야 한다. 도시숲은 숲이라는 차원에서는 열악하지만 그래도 숲이 있으니까 좋다. 태교는 눈에 보이지 않는 대상을 위한 교육이기 때문에 부모에게 보이지 않는 아기에 대한 성장의 중요함을 알려주려면 신뢰 관계가 충분히 이루어질 수 있어야 보이지 않는 대상을 어필할 수 있다. 숲태교는 융합학문이고 멀티플이다. 진행자는 먼저 직업윤리를 갖고 숲태교의 목적을 분명히 알고 준비한 사람이 해야 한다. 지금은 건강한 대상에게 중심을 두고 숲태교에 대한 인식이 빨리 확산될 수 있는 집단을 먼저 그룹화해보고자 하였다. 전 국민적 관심이 있는 대상이 임신가정이어서 사회와 국가가 동참해서 임신 부부가 굉장히 소중한 존재들이라는 관심을 알려주는 계기가 되었다.

제2장 숲태교 진행 경험을 통한 숲태교의 의미와 본질에 대한 구성요소

본 연구는 질적 연구로서 숲태교 진행 경험을 통한 숲태교의 의미와 본질에 관하여 연구하였다. 9명의 연구참여자를 심층 인터뷰한 텍스트를 기반으로 현상학적 연구방법으로 분석한 연구결과이다.

본 장에서 제시되는 연구결과는 관찰자 입장에서 조망되어온 '숲태교 진행 경험을 통한 숲태교의 의미와 본질'을 본질적인 내용과 구조를 도출하기 위해 Giorgi의 분석과정을 적용하였다.

9명의 연구참여자를 심층 면접하고 일련의 자료들을 분석한 결과, 숲태교 진행 경험을 통한 숲태교의 의미와 본질연구에서는 165개의 의미 단위와 49개의 하위구성요소, 12개의 구성요소로 도출되었다.

<표 2>에서는 숲태교 진행 경험을 통하여 도출한 12개의 구성요소를 바탕으로 하여 완성된 구조(틀)이다.

구성요소(본질)	구조(틀)
1) 숲태교란	숲태교의 의미와 철학
2) 숲태교에 대한 철학	
3) 숲태교 진행을 위한 노력	숲태교가 이루어지는 4요소
4) 숲태교 진행자	
5) 숲태교를 진행하는 도시숲	
6) 숲태교 대상의 특성	
7) 숲태교를 진행하는 방법	숲태교의 실제
8) 숲태교에서 무엇을 하나	
9) 숲태교에 왜 참여하나	
10) 숲태교의 보람	
11) 숲태교를 하면서 원하는 것은	숲태교를 진행하며 보게 된 발전적 미래
12) 숲태교에 대한 기대	

<표 3>은 연구참여자 9명 전체가 진술한 심층 인터뷰 텍스트를 기반으로 분석하였다. 연구자는 연구참여자의 에믹(emic)한 언어를 연구자의 분석적 관점에서 통찰하며 객관적으로 적합한 학문용어인 에틱(etic)한 언어로 전환하여 만들어진 의미단위이다.

〈표 3〉 참여자(전체) 진술 내용 카테고리 묶음

참여자 진술 내용	의미단위
・부부간에 같이 하면서 더 돈독해지는 모습을 보게 되었다 ・프로그램을 같이 하다 보면 부부의 친밀도가 높아지기도 했어요 ・아기에 대한 편지를 쓰면서도 둘이 머리를 맞대고, 나뭇잎을 붙여가면서 하는 모습	・부부가 같이 하면서 친밀도가 높아지고, 더 돈독해짐
・임신기간이 숭고하게 그 시기를 잘 건강하게 마음자세를 잘 가지고, 일상의 생활을 다 잘 이루어 나가면서 안정할 수 있는 이런 임신부들이 필요한 거지, 특별해서 꼼짝달싹도 안 하고 대접만 받으려고	・임신기간에 필요한 숭고하고 건강한 마음자세

참여자 진술 내용	의미단위
하는 환경이면 태중의 아이도 건강하게 자라질 않아요	
· 새 가정을 이루고 새 식구를 맞이하는 것에 중점을 두고요, 숲에 와서 서로 눈빛을 교감하면서 서로 느꼈던 그 순간을 영원히 잊지 않도록 전달하고 있어요	· 새 식구 맞으며 느꼈던 순간을 영원히
· 운동이나 좋은 얘기, 파란 하늘을 보며 자연적인 치유되는 자체가 태교잖아요 · 한 몸으로 한 생명을 돌봐 된다는 적극적 자세를 갖게 만들어야 하는 태교 · 정신적으로 부모가 될 사람을 준비하도록 만드는 것	· 한 몸으로 한 생명을 돌본다는 정신적 부모의 자세
· 날씨 좋은 날 실외로 나와서 부부가 함께 뭔가를 한다는 것 · 부부가 같이 하면서 아빠도 느끼는 태아에 대한 것들 · 아빠도 태교를 가니까 숲을 매개로 한 숲태교는 상당히 좋더라	· 날씨 좋은 날 실외로 나와서 아버지태교도 같이
· 태아랑 편하게 소풍 왔다고 생각하며 즐기는 것 · 아이랑 얼마나 친밀감 형성하는지에 초점을	· 태아랑 편하게 소풍 왔다고 생각하며 즐기는 것
· 설득시키고 이해시키면서 보이지 않는 대상을 어필시켜줘야 · 아직 세상을 보지 못한 생명과 엄마와 아빠를 연결해주는 태교	· 아직 세상을 보지 못한 생명과 부모를 연결해주는 것
· 숲에 와서 숲을 바라본다는 자체가 마음을 열게끔 하거든요. 그러니까 숲 자체가 숲이 주는 선물이라고 생각하면 될 것 같고요	· 마음을 열게 하는 숲이 주는 선물
· 일단 나와서 눈으로 즐기고 마음이 열리는 그런 거니까, 꽃을 보면 꽃을 봐서 좋고, 숲에 누웠을 때 나무 사이로 보는 어떤 햇빛 조각을 보면 그냥 행복해져요	· 숲으로 나와서 눈으로 즐기고 마음이 열리는 것
· 숲이라는 환경이 더 좋은 환경을 제공한다고 봐도 좋지요 · 제일 중요한 것은 자연하고 같이 할 수 있는 거	· 제일 중요한 것은 숲이라는 좋은 환경을 제공함
· 안전. 모든 활동에 안전사고가 있으면 안 되잖아요. 안전이에요. 저희가 구급 비상	· 안전을 기본으로 자연을 느낄 수 있게끔 풀어내는 것

참여자 진술 내용	의미단위
약은 항상 가지고 다니구요 · 제일 중요한 건 안전. 안전은 기본인 거구요	
· 임부들한테도 하나가 주어졌을 때 이것에 대해서 다양하게 생각할 수 있는 그게 태아한테도 온전하게 영향이 가는, 건전한 정신이라든지 정말 단순한 한 시간 프로그램인데도 그런 것들을 주려고 저희가 노력을 많이 했죠	· 임부 생각이 태아에게 온전히 영향이 미치는 것
· 두 부부가 마음을 좀 소통하고, 그동안 힘들었던 것, 결혼하는 것부터 갈등들이 있잖아요. 그 갈등을 그 순간에 풀어 없애고 원점으로 돌아가서 다시 시작하는, 그런 과정들을 할 수 있게끔 · 아무리 눈빛으로 주고받아도 앞으로 힘든 일 있으면 힘들다고 서로 이야기하면서 지내라 의사소통하는 것을 배운다는 거죠	· 부부 소통과 갈등해소로 자연이 주는 깨달음을 앎
· 가장 근원적인 목적은 임신부의 안정과 가족의 화합이죠 · 잉태된 아기에 대한 인격적 관계형성은 어떻게 해나가야 한다는 방법론적인 것을 제시해주는 거	· 태아와 인격적 관계형성을 위한 임신가정의 화합
· 부모가 서로 화목해갈 수 있는 기회를 더 넓혀주고자 하는 거지 · 할 수만 있으면 만날 수 있는 기회를 더 많이 가지면 좋겠다. 이게 사회적 배려지요	· 부모가 화목할 기회를 더 넓혀주는 사회적 배려
· 국가가 당신들을 위해서 이렇게 많은 비용을 감당하고 사회가 함께 동참해서 이런 수고를 하고 있기 때문에 당신들의 존재가 굉장히 소중한 존재들이고 국민적 관심이 있는 대상이 임신가정이라고 하는 것을 국가적인 관심도를 홍보해주는 것 · 나라에서 그런 혜택을 주고자 해서 무료로	· 임신가정에 국가, 사회가 동참하고 감당함
· 숲태교가 잘 이루어지려면 참여하는 임부, 치유사, 지원해주는 주최 모두가 중요한 요소	· 임부, 치유사, 지원주최 모두가 중요한 요소임
· 기관이나 아니면 이런 프로그램을 만들어내는 기관도 중요하지만 그것을 신뢰하고 오는 사람들, 그 참가자들이 없으면	· 참가부부가 없으면 숲태교프로그램이 필요 없음

참여자 진술 내용	의미단위
사실 프로그램 자체가 필요가 없잖아요	
·태교가 중요한데 숲에서 할 때 극대화된다는 관점으로 접근 ·장소가 숲이라는 것 자체만으로도 그 임부들과 임신부부들한테 뭔가 정서적으로 안정이 되는 게 있더라구요	·태교가 숲에서 할 때 극대화된다는 관점으로
·자연주의 관점. 생태주의를 철학적 배경, 사상적 배경으로 ·임부한테 안정적 환경을 제공할 수 있는 곳이면 그곳이 태교를 하기에 적합한 곳 ·태아와 인간주의 중심의 상호작용으로 안정적 태중환경 마련	·자연주의 관점으로 안정적 태중환경 마련
·한 인간의 생애주기를 가장 중요하게 본 거죠. 태교가 결정적이니까	·인간의 생애주기에서 태교가 결정적으로 중요함
·충분한 계획임신에서부터 태어난 아이들의 향후 신념까지를 어떻게 연결을 해주어야 되는가를 고민하고 시작한 거지요	·계획임신으로 태어난 아이의 향후 연결 방법까지 고민
·정말 좋은 아기를 생산하는 것이 중요하다고 생각을 하고, 사회에서 임신할 수 있는 조건형성을 해주는 게 가장 근원적인 조건 ·온전한 상태까지 접근시켜줄 수 있는 그런 노력이 진정한 태교	·온전한 상태까지 접근시키는 노력이 진정한 태교
·임부들이 자연을 즐기고 즐거워할 수 있게 해야 된다. 결과보다 과정중심으로 생활에 적용할 수 있는 것을 인식시킴	·임부가 과정중심으로 자연을 즐기도록 해야 함
·프로그램 설정과 임부의 현재 상태 하나하나를 섬세하게 고려했죠	·프로그램에서 임부의 현재 상태를 섬세하게 고려함
·언제나 그분들이 그 회차에 최대로 행복한 마음으로 가시면 좋겠다는 마음으로	·최대로 행복한 마음으로 돌아가길 바람
·직업의 윤리가 있잖아요. 그 직업을 갖는 가장 중요한 목적을 하나 가져야 돼	·숲태교를 위한 확고한 철학과 직업윤리를 가져야
·숲태교가 추구하는 목적성을 인식시킨 다음에 진행을 해야 되지	·숲태교가 추구하는 목적성을 인식시킨 다음 진행해야
·확고한 철학, 충분한 사전준비가 숲태교 조건형성의 기본	·확고한 철학, 충분한 사전준비가 조건형성의 기본
·어떤 생각, 어떤 마인드, 어디에 포커스를 두느냐도 중요 ·모든 것을 태중에 있는 아기가 중심이	·어떤 마인드, 어디에 포커스를 두느냐도 중요함

참여자 진술 내용	의미단위
되는 게 그게 태교예요. 그게 대상이에요. 그 아기가 주체예요. 태아를 바라보고 숲태교를 해야 되거든요. 기본적인 씨앗부터 생명의 씨앗부터 접근을 해요	
• 산모가 어떻게 하면 스트레스를 안 받고 편안한 마음이 될까? • 엄마의 상처가 치유돼야 자식에게 자기의 감정이 투사가 안 되니까 건강한 아이를 키울 수 있는 거예요	• 편안한 마음으로 건강한 아이를 키우려면
• 숲이라는 공간에서 무엇을 태중의 아기에게 주고 싶다는 방향성을 가져야 되지 않아요. 배 속에 있는 아기들한테 어떻게 더 잘해주지? 그러면 태아한테 이해가 조금은 있어야 하거든요	• 어떻게 태아에게 더 잘해주지? 태아에게 무엇을 줄까
• 아기를 낳는다는 것은 가정을 이룬다는 거잖아요. 서로 존중해야 되는 것 • 가족이 화목해야 심리적으로 안정되고 내가 안정되는 거잖아요 • 자식을 잘 키우고 싶으면 엄마하고 사이 좋게만 지내면 된다	• 태아와 이루는 가정은 서로 존중하며 화목하게
• 결혼 후 경력단절 되었다가 뭘 공부 해볼까 해서 시작	• 경력단절 후에 시작한 숲공부
• 나무나 꽃 이름이 궁금해지기 시작했어요. • 관심을 가지니까 주변의 흔한 나무나 꽃의 이름들은 알게 되고, 눈에 뜨이게 되었다. 관심 갖고 있으니 늘더라	• 관심을 갖고 아는 게 늘어 좋음
• 서울시와 지자체의 공모로 시작 • 지인의 추천으로 함께 시작	• 공모와 추천으로 시작
• 협력하는 사람들도 숲에 대한 이해가 조금 있는 사람들이고, 많이 도와줬기 때문에 손발이 또 잘 맞았었고요 • 사업 목적을 이루기 위해서 그 목적을 생각하고 도와주었다	• 숲에 대한 이해가 있는 사람들이 진행을 도움
• 저는 뇌파검사하는 것을 담당 • 전체적인 준비사항, 서류 작업 이런 것들을 제가 맡아서 • 기대하는 방향대로 할 수 있는 환경조성을 해주는 게 나의 역할	• 각각의 맡은 역할을 즐겁게 수행함
• 보건소에서 5년간 숲태교프로그램 진행, 치유프로그램 참여	• 숲태교 진행에 적합하도록 다양한 경력을 쌓음

참여자 진술 내용	의미단위
·태교만은 20년 이상, 숲태교는 10년간 진행 ·아이를 낳아서 어느 정도 키워본 여성이 적합 ·보건교사로 은퇴	
·숲치유는 산림과 보건학 공부를 하고 산림자원을 이용한 치유를 할 수 있어요 ·자격증 땄지만 겁나서 정말 공부들 굉장히 많이 하세요 ·처음에 임신부들에게 제가 좀 잘 해주지 못했던 점이 마음에 항상 걸리는 거예요 연구를 막 하게 되는 거예요	·부족해서 산림, 보건학, 심리학을 공부하며 연구함
·산림치유사 공부가 치유사 활동에 전체적인 기반이 되는 것 ·2급과 1급을 모두 공부하신 분들. 1급이 조금 심화되기도 하지만 일반적으로는 전혀 다른 커리큘럼	·숲치유를 위한 자격을 갖춤
·숲태교를 한다고 연락받았을 때 제가 해본 경험이 있고, 시간이 2시부터여서 즐거운 마음으로 참여. 즐거운 마음으로 가자. 동반진행자가 같이 1급을 공부한 분이고 굉장히 친밀했었거든요	·숲태교 진행 요청에 즐거운 마음으로 참여함
·임부에게 적용할 수 있는 프로그램을 구상을 해보고 인터넷 사이트 등을 통하여 대표적인 반응 등을 보면서 프로그램을 구상했는데 여기서도 이렇게 하는구나 하면서 ·내가 하려는 프로그램에 대해서 이렇게 하면 되는구나 하는 확신 자신감을 얻게 되었다 ·태교에 관한 책을 서점에서 많이 사다 놓았다	·숲태교를 위해 나름대로 연구하며 구상해보기
·예비 숲치유사로서 집 근처의 숲태교 프로그램에 적극적으로 조르듯 하여 참여한 봉사활동	·적극적으로 조르듯 하여 참여한 봉사활동
·숲치유사는 보장되는 것이 없는 계약직이라는 불확실성 ·숲치유사는 은퇴 후의 직업 ·연금이 보장된 분들과 정말 이 일이 좋은 분들	·숲치유사는 은퇴 후의 직업
·산림치유지도사가 치유의 숲에서 치유사	·치유의 숲에서 치유사로 근무하는 분은

참여자 진술 내용	의미단위
로 근무하는 분은 적다	적음
· 임금 면에서는 충족되지 않는 직업 · 돈으로 보고 직업으로 보면 못 해요. 일 자리나 수입으로 봐서는 인기 있는 직업 은 아니고 · 돈으로 보면 다른 일도 기다리고 있지만	· 돈으로 보고 직업으로 보면 못 함
· 간호사 출신이 같이 들어오길 원한다. 동 료치유사도 중의사였다 · 숲태교는 일반사람들이 좀 두려워하고 보건하신 분들이 많이 한다. 현장에서도 보건 쪽 전공자를 강사로 원한다	· 보건하신 분들이 많음
· 숲치유사는 분만을 한 사람, 나이 좀 든 사람이 좋을 것 같다 · 숲태교 진행자는 여자가 편하고, 약간 연 배가 있는 게 좋겠다 · 일단 아기를 낳고 경험해본 사람의 경험 은 최소한 필요하다	· 분만을 해본 나이 좀 든 사람이 좋음
· 숲치유사 두 분이 진행하는 게 더 효과 적. 둘의 장점이 모이면 더 다양한 프로 그램이 나올 수 있잖아요 · 진행은 두 사람 정도면 돼요 · 똑같이 주강사의 입장에서 프로그램도 의논하고, 진행하고	· 둘 다 주강사의 입장에서 윈윈하며 진행함
· 내가 주도하에 하면 좋겠다고 말하고 진행 · 답답하게 생각되는 보조강사, 혼자는 못 하고 보조강사와 함께 · 처음에 보조강사분도 본인도 입이 좀 간 지러운 거야	· 내 주도하에 보조강사와 함께 처음 진행 해봄
· 새로 직업을 갖게 되었다는 자부심으로 만족 · 시간도 충분히 갖고, 일도 할 수 있는 거 에 만족 · 프리랜서라는 개념으로 활동하면 훨씬 더 좋을 것 같은데	· 프리랜서 직업을 갖게 되었다는 자부심 으로 만족함
· 보이지 않는 아기 성장의 중요함을 알려 주려면 신뢰가 충분히 이루질 수 있는 관계가 되어야 · 자신이 롤 모델이 되어 신뢰를 구축해야 하는 숲태교 진행자	· 신뢰할만한 롤 모델이 되는 진행자의 자질
· 치유 쪽에서 숲해설하는 부분이 들어갈	· 숲전문가들의 영역 확장으로 겹쳐져 잘

참여자 진술 내용	의미단위
수 있는 것. 숲해설사들이 기간이 오래하다 보니 이미 숲치유적인 부분으로 들어가는 것도 있다. 겹쳐지는 부분이 있어요 · 숲해설은 산림지식 전달. 숲치유사는 건강증진 프로그램 진행 · 의료 쪽에서는 자기들 분야라고 하고, 간호 쪽이나 그중에서도 암환자, ADHD, 우울감 등은 자기 분야라고 한다. 시작은 산림청에서 했지만 같이 어루러져서 하면 좋겠다	· 조절해야 함
· 숲치유사들을 보면 각자 전문분야들이 있다 · 의학이나 심리학을 공부하면 그쪽으로 중점을 두며 풀어가려고 하고, 숲해설을 하신 분들은 숲이 연계가 되지요 · 똑같이 나무를 보면서도 하더라도 접근방법이 다 다르다	· 전문분야에 따라 다른 숲태교 접근방법
· 처음에는 어느 정도의 수요가 있을지 몰라서 홍보한 것에 비하여 많이 오지는 않았다 · 언제라도 신청자가 갑자기 온다는 사람이 있으면 진행을 해야 되잖아요. 그런 상황이었어요 · 주말에 남편과 같이 오시는 분들이 많아서 나중에 주말을 1회 늘리고 주중 것을 줄여서 주중에는 몇 번 안 돼요 · 처음에 7월부터 한다고 했으나 너무 더워서 9월부터 진행 · 아직 체계적이지 못한 주최 측의 프로그램 진행	· 처음 진행하여 체계적이지 못함
· 숲태교를 앞으로 계속 진행하고 싶다고 할 정도로 정말 전폭적으로 지지를 해주셨어요. 담당자분이 정말 전폭적으로 지지를 해주셨어요. 우리가 '모기장, 매트, 만들기 재료 이런 거를 해주실 수 있나요?' 하면은 진짜 100% 해주셨어요 · 주최 측은 숲에 대한 어떤 그런 인식들이나 이런 것들이 조금 부족하고, 겨울이면 무조건 추워서 안 된다 그러잖아요	· 전폭적 지지하나 인식 부족함
· 진행하는 사람이랑 기획하는 사람이랑 기획을 하는 단계에서 같이 이야기가 되	· 원활한 진행을 위해 기획단계부터 논의 필요함

참여자 진술 내용	의미단위
면 좋겠다 ・주어지는 프로그램을 저희가 진행만 하는 그런 입장이니까 재료비 같은 거는 이미 책정되어 있는 상태니까 ・주최 측과 진행과정의 공유가 원활하길 바람	
・임부들이 오기에 부담스럽지 않은 적당한 장소 ・장소가 아늑하고 아주 작다. 엄마들이 활동하기에 적합. 딱 거기는 그 장소로 적합 ・이분들을 많이 배려한 위치 선정. 조금 더 들어가면 힘들어서 못 해요. 계단 두 개 올라가는데도 헉헉거리면서 씩씩거려요 ・요즘 엄마들은 생각보다 행동반경이 작고 많이 안 움직인다. 거기 올라가는 것들도 힘들어한다 ・거기는 완경사이니까 조금 걷고 올라가서 다시 걷는다	・요즘 임부의 행동반경과 활동에 적합한 완경사
・부담 없이 올 수 있고 잘 갖춰진 건 아니지만 그래도 공원이니까 쾌적하고, 또 오면 즐겁고, 즐겁잖아요 ・막상 들어가 보면 단 차이 때문에 아늑하고 가려지고 밑에 심어진 나무의 아랫부분의 위가 윗 단에서는 배경이 되니까 가려지고, 눈높이에서는 완전히 막히고 배경이 초록이에요 ・도시숲이잖아요. 가깝잖아요	・쾌적하고, 또 오면 즐겁고 아늑하고 가까움
・대부분 자기가 살고 있는 데서 가깝다는 거. 접근성이 좋다는 게 제일 좋다는 점이구요 임부들이 직접 운전하거나 누구의 도움으로 오셨어요. 임부는 멀리 갈 수가 없고, 접근성이 용이하지 않으면 못 오니까 그걸 제일 고려한 것 같았다 ・도시에서 할 때는 접근성이 좋아야 한다. 버스를 타고 내리든가 걸어갈 수 있어야 한다	・접근성 좋아 부담 없이 올 수 있음
・도시숲은 임부에게는 적합한 것 같아요 접근성 좋고, 가장 좋은 건 화장실이 가까운 거 아무래도 자주 다니잖아요 ・주차장이 확보되어 있다 ・도로에서 가까이 있고 주차장이 있으니까	・화장실 가깝고 도로와 가까이 주차장이 있음

참여자 진술 내용	의미단위
• 혹시 응급상황이 생겨도 불안하지 않은 거지요. 만약 숲이면 119를 불렀을 때도, 빨리 대처할 수 있을 것 같아서 안심 • 응급상황이 생겨도 바로 처리할 수 있고	• 응급상황에 바로 대처 가능함
• 도시숲의 모기나 벌, 해충, 진드기 같은 것 때문에 걱정 • 조금만 안으로 들어가서 나무 있고 그런 데서 모기장 안에서	• 모기나 벌, 해충, 진드기 같은 것 때문에 걱정됨
• 소음만 아니면, 소음 하나 빼면 • 엄마들이 앉아있는 의자가 없는 것도 쪼끔 불편해하는, 왜냐면 몸이 불편하니까 • 도시숲은 숲이라는 차원에서는 열악하죠. 다른 공원보다는 낫다. 숲이 있으니까 나무가 있고. 그만큼이라도 접근이 되니까 • 도시숲은 도시에서 떨어진 숲보다 마땅하지는 않지요	• 소음이나 의자 등이 불편하고 숲 차원에서는 열악함
• 처음 진행하는 도시숲의 정비가 미흡함 • 주변에 가지치기한 것들을 치우지 못함	• 처음 진행하여 정비가 미흡함
• 비품 저장 장소가 마련되어야 할 도시숲 • 도구들이 갖추어져 있지 못해 다양하지 못한 프로그램 • 재료와 장소 제한으로 만들기의 한계를 가짐	• 비품저장소가 없어 만들기 등에 한계가 있음
• 자기가 신청해서 시간 맞춰서 시간 내서 오는 거잖아요. 그러니까 하나라도 더 귀기울이고 그러는 것들이 눈빛 자체가 달라요 • 본인이 하고 싶어서 온 거니까 프로그램이 너무너무 좋았고 • 미리 휴가를 내서 오신 분을 두 분 봤다. 만삭의 임부도 있었다	• 자기가 신청하고 시간 내서 오는 거라 눈빛이 다름
• 자기소개를 태명으로 소개 • 태명은 다 있어요. 요즘 기상천외한 거 꿈, 임신을 한 도시 이름을 짓는다든지 기상천외한 태명이 너무 많아서 깜짝 놀랐어요. 태명만 듣고 설명을 듣지 않으면 알 수 없는 거예요. 토속적인 것보다는 약간 좀 변형된 그런 거에 연관성 있는 태명을 짓는 것이 인상적이었고 • 한 사람만 빼놓고 모두 태명이 있었어요 • '사랑이' 라고 하면 '사랑아 사랑해' 라	• 기상천외한 태명에서 태아일기까지

참여자 진술 내용	의미단위
고 같이 불러주면 서로 아주 행복해하였다. 이미 태아일기와 태담을 하고 있는 사람들도 · 태명 자체를 아기의 대명사처럼 여겨 오래 기억하도록 소중히 여기는	
· 마냥 좋은 게 아니라 그 프로그램 하나하나를 할 때 자기한테 좋은 것을 얘기하더라구요 · '태담 들려주는 것이 좋았다.', '아이가 아빠 목소리를 되게 좋아하나 봐요.' · 아기에게 콕콕콕 두드리면 아기가 반응한다는 이야기 하니까 다음 주에 '그렇게 했어요. 신기했어요' 반응했었다고 했다 · 소리명상에서 '음~' 하는 소리를 내는데 그 효과가 몸에 활력을 주면서 진행되는 것이 실제로 해보니까 제일 좋다고 얘기 했다	· 좋은 것을 알려주면 실행하고 콕 집어 피드백을 줌
· 숲의 맑은 공기를 아기에게 주는 것만으로도 내가 이 편안한 마음을 아기에게 전달해주는 것만으로도 좋다	· 숲의 맑은 공기를 태아에게 주는 것만으로도 좋아함
· 엄마가 이렇게 행복한데 배 속의 아이는 얼마나 행복할까 생각했어요. 꼭 태교를 하라고 하고 싶었어요	· 엄마가 이렇게 행복한데 태아는 얼마나 행복할까
· 아기가 잘 성장할 수 있는 태중환경을 만들려면 첫째는 엄마가 안정되어야지, 숲태교는 일단 아기에게 도움이 되는 방향으로 나가고 있지만 아기는 엄마의 영향을 받잖아요 · 태교가 아가들이 배 속에서 엄마가 느끼는 것을 그대로 느끼게 되고 · 임부들도 자연적인 물건을 만지면서 그 감각들, 그 건강함이 아이한테 태아한테까지 전달이 돼요	· 태아에게 영향을 주는 엄마가 안정되어야 함
· 이분들은 대상자 자체가 성인이잖아요 그러다 보니까 제가 진행할 때 받아들이는 게 훨씬 더 집중적이고, 진행을 받는 사람들이 임신부부기 때문에 거기에 초점을 맞춰줄 수가 있어요	· 진행을 받는 임신부부에게 초점을 맞춰 줄 수 있음
· 태교는 아빠랑 같이 하는 게 요즘 추세라 · 요즘에는 아빠도 같이 태교를 가는 거니까 이 숲을 매개로 한 숲태교는 상당히	· 요즘 태교는 아빠랑 같이 하는 추세임

참여자 진술 내용	의미단위
좋더라구요. 부부가 항상 같이 와요 • 반응은 부부가 같이 참석하는 것이 좋다. 태담을 나눌 때, 마사지를 할 때도. 아주 배우는 자세로 진지하게 하셨다. 몰입하고	
• 요즘 아빠들은 적극적이다. 놀라운 게 어떤 분들은 태담이 좋다고 하니까 아빠가 같은 시간에 규칙적으로 동화책을 읽어주고 출퇴근할 때 엄마 배에 대고 아빠 다녀올게 하면서 아가에게도 인사를 하고 있었다고 하였다 • 아빠가 인터넷 찾아서 숲태교에 오시고, 부채에 글씨를 쓸 때는 아빠들이 너무 적극적이라는 것을 보게 되고 사진도 찍고 더 적극적이어서 아빠들이 뭔가를 하려고 하는구나 생각하게 되었다	• 아빠들이 실행하며 태교에 적극적 태도를 가짐
• 아빠들이 처음에는 끌려나온 것 같은 느낌이 들어요 • 마지못해서 오긴 했는데 소극적이고 별로 기대하지 않고 왔다가 시간이라든가 그런 여건 때문에 여기서 2시간 하는 것도 바빠하더라구요 • 남편분들이 주말 명상시간에 숲에서 아로마 마사지를 하고 누우니까 완전히 릴렉스 되어 주무시는 분들이 많아 웃음이 나왔다. 저렇게 편할까	• 기대감 없이 끌려나와 힐링되어 쉬고 가는 아빠
• 임부를 케어할 때 팁을 주면 좋아하였다. 편백오일 대신 베이비오일로 해도 좋다고 알려주었다 • 아기가 태어난 다음 졸리거나 이유 없이 칭얼거릴 때 대처방법을 알려주기도 함 • 분만에 도움이 되는 팁도 알려준다	• 집에서 아빠역할을 할 만한 꿀팁을 줌
• 모든 것을 태중에 있는 아기가 중심이 되는 게 태교. 그게 대상이에요. 그 아기가 주체. 태아를 바라보고 숲태교를 해야되거든요. 기본적인 씨앗부터 생명의 씨앗부터 접근을 해요. 건강 생각이 아기가 중심이잖아요 • 아기한테 좋은 걸 보여주고 아기한테 좋을 수 있는 말들을 많이 해주고 • 태어날 아기에 대한 부모 마음이 읽혀지면서 보통 내 건강을 위해서 오는 건데	• 태아를 바라보고 도움이 되는 방향으로 하는 것

참여자 진술 내용	의미단위
태교 때문에 오는 거니까 · 임신 프로그램의 자극들이 아이한테 전달이 되니까	
· 배불러서 태어날 아기에 대한 눈망울이 초롱초롱해서 둘이 부부끼리 어쨌든 재미있을 때잖아요. 태어날 아기에 대한 부모 마음이 그런 것이 읽혀지면서	· 태아에 대한 부모 마음이 초롱초롱한 눈망울에
· 둘이 갖는 교감 속에 아이가 눈에 보이지는 않지만 아이가 있다는 그 존재감을 · 같이 이렇게 하면 혹시 둘만의 갈등이 있을 때도 아이를 생각하는 요런 것들을 전달하고 인식하는	· 둘이 갖는 교감 속에 보이지 않는 아이의 존재감
· 자기 집 근처에도 이런 프로그램이 있으면 좋겠다고 아쉬워하고 감사하다면서 가기도 · 오시는 분들 중 맞벌이 분들로. 바쁘다보니까 쉬고 싶은데도 찾아서 온다는 걸 보면 · 멀리서 이 프로그램이 너무 좋아 참석하시는 분들이 많았어요	· 태교 때문에 주말에 멀리서도 참여함
· 다문화 임산부가 왔는데 아빠는 주말에도 일을 해야 되니까 아빠가 없는 상태에서 왔어요. 어차피 우리나라에 와서 살아야 하고 우리가 키워내야 할 애들이니까	· 우리와 살아야 하고 우리가 키워내야 할 다문화가정
· 미혼모, 다문화, 특수 분야의 숲태교는 다른 분들의 관심 영역 · 소외계층을 위한 숲태교는 그런 쪽의 접근에 루트를 갖고 있지 못하니까, 그쪽에 관심 있는 전문가들이 모여서 그룹화 하면서 점진적으로 해야 될 일이죠	· 미혼모, 특수계층의 숲태교는 다른 전문영역
· 온전한 상태의 가정이 유지되어야 한다는 기본적인 생각 · 어떤 인식이 빨리 설파될 수 있는 집단을 먼저 그룹화해보고 자발적 참여가 이루어질 수 있고 그런 효과가 증대될 수 있게끔 점진적으로 개입을 해보자는 거지 · 거기에서 그룹이 형성되고 파급될 수 있는 기회를 많이 제공해 주어져야 한다는 것	· 자발적 참여가 가능한 건강한 가정을 우선 그룹화 함
· 둘째 아이가 아프다든지 임신부의 컨디션이 나쁘다든지	· 변수가 많은 임부

참여자 진술 내용	의미단위
· 직장에서 출장이 잡히기도 하고, 남편 문제로 못 오기도 · 아침에 일어나 보니 몸이 안 좋다거나 어제 저녁에 넘어져서 겹질려서 손목이 아프거나 발목을 다쳤다고 하는 등 · 다리가 붓거나 감기가 걸리면 · 나는 가려고 하지만 식구들이 참여하지 못하게도 해서 못 오기도 하더라 · 신청 날짜와 진행 날짜가 차이 나다 보니 막상 참석할 때는 배가 많이 부른 경우도 있었다	
· 처음 만나는 사람들로 부부가 중심이긴 하지만 주변하고의 관계는 무난하게 이루어지지 그렇게 모나거나 그러진 않아요. 모나거나 예민한 행동은 잘 안 보이는 것 같아요 · 엄마들끼리 친해지잖아요. 건강차를 매회 제공해드리고 있었지만 서로 간식을 싸 와서 나눠 먹기도 하고 · 처음에 많이 긴장했는데 두세 번 보면 친근해지잖아요. 갈 때 되면 자기네들끼리 다들 친했던 사람들처럼 하고	· 부부중심이지만 주변과 잘 어울림
· 주중에는 배우자 대신에 어머니나 누구와 같이 오도록 권유해서 친정 엄마와 같이 오기도 했다. 혼자 온 사람들이 있었는데 그런 분들끼리 짝 돼서 친해지기도 했다 · 동화 들려주기 등은 혼자 온 엄마끼리 서로 상호작용했다. 그것도 아이한테는 또 다양한 경험이겠다. 친밀감이 생겨서 괜찮았다	· 혼자 온 나름대로 활동함
· 강사들은 숲태교할 때 항상 촉이 서 있어야 해요. 예민하게 산모의 안색을 살피고, 힘들어하나, 땀을 흘리나, 배가 아프진 않나, 미끄러지지 않을까, 안전에 대한 문제 그게 최고 힘들죠. 항상 불안해요 · 의사한테 연락할 수 있는 비상연락망 갖고 다녀야 되고 · 항상 강사가 한 사람 앞에 가면 다른 사람은 뒤에 가고. 안전 위주로 걸으면서 끊임없이 살펴야 하고 끊임없이 몸을 살피는 끊임없이 그 사람의 안색을 살피는	· 안전문제는 예민하고 세심하게 살피는 것부터

참여자 진술 내용	의미단위
· 날씨가 쌀쌀하면 옷 따뜻하게 입고 오라고 꼭 문자 보내기도 · 벌 쏘일 때에 대비해서 천연 모기향을 임신부 다리 같은 데 발라준다 · 일반인들과 다르게 세세하게 신경을 써준다 · 일단 가벼운 길이라도 미리 다 주지시켜야 되는 거예요 · 야외라는 게 굉장히 신경 많이 써야 해요. 추우면 담요 덮고 하게 하고, 보온에 신경을 많이 썼어요. '모기' 때문에 예민해져서 모기장을 준비한 거예요	
· 큰 돗자리를 준비해서 앉을 수 있는 자리를 만듦 · 지금은 두툼한 매트리스에 편하게 앉고 그래야 해서 좋은 매트리스로 다 바꿨어요. 임신부들이라	· 숲태교에서는 매트리스를 두툼하고 크게
· 모기장 옮기는 거. 매트도 옮겨야 돼요. 미리 가 가지고 미리 다 현장에 옮겨놔요. · 2시부터 수업 있다 그러면 1시 반에 미리 가서 · 한군데서 하는 게 아니라. 오늘 저쪽 라인에서 할 거다 그러면 미리 다 옮겨놓고, 먼저	· 30분 전에 모기장, 매트를 미리 옮겨놓음
· 태아를 생각해야 하니까 훨씬 조심스럽다. 어떤 대상보다 신경이 엄청 쓰이지만 겉으로 긴장하는 표시를 안 내면서 늘 관찰을 해야 · 외부 인터뷰나 설문조사에 민감하고 조심스럽게 대처	· 신경이 엄청 쓰이지만 절대 긴장하는 티 내지 않음
· 프로그램이 매주 하나하나가 다른 것은 아니고, 전체적으로 몸 풀고, 걷고, 걸으면서 처음에는 그냥 조용히 오감을 체험하면서 걸어보는 시간이면 그다음에는 '본인이 적당하다고 생각되는 속도대로 걸어보세요' 하면서 걷고 나서 숨이 차는지 정도와 땀이 약간 나는 적당히 숨이 차는 정도면 괜찮은데, 너무 숨이 찬다거나 하면 너무 과하신 것이니 하지 말라고 해요	· 반복되는 기본동작과 임부의 속도에 맞추는 오감체험
· 임부는 걷는 코스가 제한이 되죠. 험난한	· 걷는 코스 제한으로 활동이 다양하지 못함

참여자 진술 내용	의미단위
코스를 걸을 수가 없죠. 코스를 다양하게 잡을 수가 없는 거예요. 걷는 시간을 너무 길게 하면 안 되고, 시간은 두 시간이니까 · 맨발 걷기가 좋다고 하지만 임부라 다르게 걷는 방법으로 진행	
· 만삭이 된 임부도 있고, 개월 수도 다 다르기 때문에 · 똑같이 왔는데 배가 이렇게 부른 거예요. 그래서 좀 당황한 거예요. 남편과 다른 자세로 하도록 임신부들은 조정을 해준다 · 만삭인 임부들이 할 수 있는 운동, 스트레칭 방법도 다르게 · 임부들이 중심을 잃을 수 있어서 변형해서 진행 · 과격한 몸풀기는 안 하고 기본 몸풀기 후 걷기 · 날씨와 계절에 따라 다르게 반영하여 진행	· 만삭임부도 가능하게 동적 활동의 방법은 변형함
· 아무 거나 해충제를 뿌릴 수 없기 때문에 천연계피를 희석해서 사용. 효과는 떨어졌지만 그런데도 함부로 쓸 수도 없고 · 임부에게 전혀 해가 되지 않고 지장이 없는 한방차를 드렸어요 · 모기나 벌, 해충, 진드기 같은 것 때문에 걱정돼서 신발에 기피제를 뿌려주었다	· 임부에게 해가 없는 한방차와 천연방충제를 사용함
· 숲치유는 나무에 대한 철학을 뽑아내서 심리적으로 접근하는 거 · 이것을 왜 해야 하는지 분명히 알고 준비가 되어야지. 심리학적 접근을 시켜줘야지요. 테크닉보다 자연관찰 안내 정도의 마인드	· 그 나무에 대한 철학을 뽑아내서 심리적으로 접근함
· 임부들이 좋아하는 프로그램 내용으로 다 다르게 응용해서 · 임신 중, 산후 우울증이 안 걸리게 충분히 자존감이 올라갈 수 있는 정서적인 쪽으로 많이 대화를 했어요	· 자존감이 올라가게 정서적인 대화를 함
· 다양하게 접할 수 있게 하면서 인성이나 감정들을 이끌어내서 풍부하게 감정을 느끼고 자유를 느낄 수 있도록 해 주는 과정	· 인성과 감정을 이끌어내서 자유롭게 느끼게 함
· 야외수업이기 때문에 10명 내외가 제일	· 대부분 10명 내외지만 어떤 땐 2쌍도 진

참여자 진술 내용	의미단위
적당 • 안전을 원칙으로 10명 전후로 최대 인원을 12명으로 제한. 다른 프로그램들과 달라요. 도떼기시장처럼 많으면 임부가 마음이 불편할 수 있으니까	행함
• 10월 첫째 주부터 11월 둘째 주까지 딱 좋을 때 했어요. 정말 자연이 너무너무 아름다웠어요	• 자연이 가장 아름다울 때 상·하반기로 나누어서
• 신청하고 시간이 맞아야 참가하니까 3~4회차를 진행하기가 어렵죠. 어떤 분은 자기가 참가하려고 했는데 조산으로 아기를 낳으러 병원 가는 경우도 있어서 참여하지 못하기도 했어요 • 내가 이때 하고 싶다고도 하지만 1차시밖에 참석하지 못하는 분도 있으니까, 산모니까 16~36주에서 하는 것이니까 • 현실적으로 회차를 오래하기는 어렵다. 변수가 더 많다	• 280일 중 3~4회 참여도 어려움
• 2시간이었는데요, 대부분 모자랐어요. 대부분 오바했어요	• 오후에 2시간이 모자라 대부분 초과함
• 숲으로 나오면 뭔가 딱 제한적인 거는 없잖아요 • 나뭇가지 하나만 줘도 다양하게 생각할 수 있는 그러한 것들	• 나뭇가지 하나로도 다양하게 생각할 수 있는 숲
• 건강에 관한 거는 이미 매달 병원을 다니고 인터넷을 통해서 충분히 본인들이 알고 있기 때문에 의학적 지식 전달 보다 자연을 이용한 스토리텔링을 이용해서 본인들에게 이야기를 시켜서 스트레스를 해소하게 해요 • 임신부 건강체크를 위해서 태교를 한다면 맞을까요? 주체가 누군데, 지자체에서 하는 태교는 거의 다 건강교육을 받는 것	• 건강교육보다 자연을 매개로 스트레스 해소함
• 숲에서는 숲에 있는 것들을 이용할 수 있다. 엄마, 아빠들이 익혔으니까 태어난 아이들한테도 전달해 줄 수 있잖아요 • 나중에 아기가 태어나면 숲에 데리고 와서 이런 거를 설명해주라는 포인트가 일반인과 다르게 운영이 되니까	• 태아가 태어나면 함께할 숲놀이들
• 문패 만들기, 향기주머니, 이름표 만들기, 태명목걸이, 아기에게 편지 쓰기, 부채만	• 숲속에서 하는 다양한 숲태교활동들

참여자 진술 내용	의미단위
듣기, 나무관찰하기, 태담하기, 명상하고 아기에게 시를 읽어주기, 명상, 체조, 걷기도 하고 · 숲에 오는 것 자체가 좋고, 숲에서 심호흡하는 방법, 바르게 걷는 방법, 열매를 찾고 꾸며보고 그랬을 때의 느낌	
· 소리명상에서 '음~' 하는 소리를 내는 것은 32주 이후에는 하지 말고 나중에 아기 낳고 하시라고 주의사항을 드리기도 · 융통성 있게 대상자와 시간에 따라서 같은 명상의 경우도 방법을 다르게 하기도 하고 한 가지 더 하기도 하면서 · 걸으면서 하는 걷기명상, 수를 세면서 하는 명상, 같은 명상이라도 변화를 주면서 여러 가지를 한다. 명상이 편안해지면서 순환도 잘 할 수 있는 것이 좋았다	· 융통성 있게 적용하는 다양한 명상
· 숲에서 나무 붙잡고 부부끼리도 같이 운동한다. · 배우자와 같이 손을 잡고 하는 위주로 스킨십을 할 수 있는 위주로 프로그램을 · 서로 남편 앞으로 아내를 안게 해서 어깨를 주무른다든지, 포옹이나 스킨십을 하게 한다든지 해서 마무리를 하고	· 배우자와 스킨십 하는 위주로 하는 숲속 운동프로그램
· 제일 좋았던 것은 스킨십을 나누는 아로마오일 마사지 · 아로마 마사지를 숲에서 하니까 어떤 전문가가 하는 것보다 좋더라구요	· 숲속 아로마 마사지는 어떤 전문가보다 좋음
· 편하고 같이 할 수 있어서 스킨십을 할 수 있게 유도를 하고	· 편하고 같이 할 수 있어서 스킨십을 유도함
· 나무나 자연의 생태에 대한 얘기를 해가면서 자연스럽게 · 숲해설가가 풀 하나, 나무 하나에 의미를 부여하면서 설명을 해주고 이것은 씨앗이 어떻고 설명을 해주고 그러니까 새롭고 · 평소에 듣지 못하는 숲해설가의 얘기를 듣는다든지	· 평소에 듣지 못하는 숲해설가의 얘기를 들음
· 임부들이 자식 같다는 생각도 들고 아기를 가진 임신부들이 다른 사람들보다는 좀 더 마음도 따뜻하고	· 임부들이 좀 더 마음도 따뜻하게 느껴짐
· 아기를 가져서 그런지 프로그램을 열심히 하고 아기에게 태아일기 쓰는 것도	· 태아에게 진심을 담아 하는 모습이 예쁨

참여자 진술 내용	의미단위
진심을 담아서 정말 진심으로 적고 하는 것이 너무 좋아서 그런 모습들이 예쁘더라구요	
• 자식 같은 임신부들이 배 나와가지고 행복해하는 모습들	• 자식 같은 임부들이 배 나와가지고 행복해하는 모습
• 뭔가를 배운다기보다 편하게 즐기시라고. • 피곤하신 분은 누워서 쉬게 할 때 깜빡 주무시는 분도	• 뭔가를 배운다기보다 쉬라고 함
• 일반 공원에서는 둘이 숲에 가서 눕거나 마사지를 해주거나 아니면 스킨십을 하는 것들은 상상도 못 하는데, 프로그램 안으로 들어오면 강사가 이끄는 대로, 프로그램이니까	• 프로그램 안으로 들어오면 진행자가 이끄는 대로 함
• 나중에는 정말 분위기가 좋다. 의도했던 것보다 그분들이 더 올라온다 • 뭔가를 만들고 그럴 때 적극적이고 뿌듯해했다	• 의도했던 것보다 그분들이 더 올라와 분위기가 좋음
• 부부만이 숲에서 할 수 있는 어떤 활동을 해보라 그러면, 뽀뽀도 스스럼없이, 말로는 표현은 못 하지만 현장에서 충분히 이렇게 분출될 수 있도록	• 현장에서 충분히 스스럼없이 분출될 수 있도록 함
• 임신하면 일단 태교를 한다고 생각하는데 방법을 뭘 택하느냐 • 거의 다 태교를 하고 있어요. 안 하신 분들은 없더라구요. 숲태교만 나오는 것이 아니라 지자체서 하는 거, 산부인과에서 하는 거 나름 다 참여하고 있어요	• 임신하면 일단 태교를 한다고 생각함
• 수학태교, 영어태교 이런 거 있잖아요. 그거 스트레스가 장난이 아니래요. 태교가 여러 가지가 있더라구요	• 수학태교, 영어태교는 스트레스가 장난이 아님
• 제가 경험했던 태교들은 문화센터에서 뭐 만들고, 실내에서 앉아서 하는 부분들이 많았고 집에서라도 자기 스스로가 음악을 듣든 뭘 하든 해요	• 문화센터에서 뭐 만들고, 실내 의자에 앉아서 함
• 삐까번쩍한 것 만들고 이런 태교에, 저도 젊은 엄마지만 젊은 엄마들이 거기에 혹하게 되기도 해요. 결과물 이런 것들에	• 삐까번쩍한 것 만든 결과물에 혹하게 되기도 함
• 아이랑 얼마나 친밀감 형성하는지에 초점을 두었다	• 태아랑 얼마나 친밀감 형성하는지에 초점을 둠
• 걷는 것도 실내에서는 숲에서처럼 걸을 수	• 실내에서는 숲에서처럼 걸을 수 없음

참여자 진술 내용	의미단위
없잖아요. 숲이 함께한다는 이점이 있다	
• 같은 명상을 해도 매트를 깔고 누워서 나무를 쳐다보면서 하는 것이 플러스가 있으니까 • 나무 밑에 매트 깔고 누워서 나무 쳐다보면서 하는 것이 플러스가 있으니까. 누워서 명상하는 것을 제일 편안해하셨어요 • 나무 있는데 모기장 안에 누워서 하늘 보는 거	• 나무 밑에 누워서 나무 쳐다보는 것이 플러스가 됨
• 갇힌 공간이 아니고 열린 공간에서 자연을 접한다는 것. 집에 있었으면 우울했을 텐데 나오니까 너무 좋다. 일단 나오니까 좋다. 나와서 또 이렇게 좋은 사람들 만나고, 좋은 얘기 들으니까 좋고, 산책도 할 수 있고 햇빛도 쪼일 수 있고, 너무 기대되고 즐겁다 • 자연에서 좋은 공기 마시고, 아름다운 풍경을 보면서 즐겁게 대화하고 걷는 거	• 열린 공간에서 접하는 숲과 함께한다는 이점이 있음
• 그분들이 좋아하고 행복해하는 게 나에게는 힐링이 되니까 • 제가 교육을 하러 갔으면서도 힐링이 되고 와서 • 바라보는 저희가 행복할 정도로 서로 배려해 주고 그러신 분들만 오신 건지 하여간, 진행하고 나서 저희가 되게 기뻤어요	• 임부들이 좋아하고 행복해하니까 치유사는 힐링 됨
• 숲에서 햇살이 좋으면 숲속에 있는 하늘을 보게 해요 • 저도 누워서 하늘을 본 적이 있어요. 하늘이 나뭇잎 사이로 나오는 하늘이 너무 너무 예쁜 거예요. 그래서 저도 많이 힐링이 돼서	• 나뭇잎 사이로 나오는 하늘은 치유사도 힐링이 됨
• 손수건을 엄마같이 예쁘게 목에 둘러주고 그러니까 내 자식 같으니까. 우리는 자식을 키워봤으니까 • 엄마의 마음으로 자식같이	• 내 자식 같으니까 친정 엄마 같은 마음으로
• 오신 분들은 끝나면서 우시기도 했다 • '이렇게 행복해도 되나요?' 하였다 • 대부분이 행복한 시간이라고 이야기했다. • '벌써 끝났어요?' 아쉬워하면서 그럼에도 불구하고 긍정적	• 끝나면서 울기도 하나 그럼에도 불구하고 긍정적임
• 참석하시는 분들이 새로운 것을 배우고	• 나뭇가지로 만드는 새로운 아이디어 많

참여자 진술 내용	의미단위
그러니까 좋아했다 • 뭔가 만들어서 가져가는데, 새로운 아이디어들을 많이 얻어갔어요. 나뭇가지로 하는 활동도 몰랐다가 참 아이디어가 됐고	이 얻어갈 때
• 사진을 보내주니까 신기해하고 좋아하며 그날 프로그램 좋았다고 피드백이 왔다 • 단체 톡방이 끝났는데도 한 사람도 나간 사람이 없어요	• 만족해하는 피드백과 끝나고도 유지되는 단체 톡방
• 어떤 분들은 아기를 위한 동시를 지어 와서 적으며 결과물을 보고 만족해하였다	• 태아를 위한 동시를 지어 와서 적으며 만족해할 때
•4시에 끝나는데 4시 30이 거의 다 넘길 때가 많았고, 그래서 '어~ 시간이 벌써 다됐네' 이러구 • 회기를 늘려주면 좋겠다고. '큰애는 못해준 게 아쉽다'면서	• 벌써 끝났어요? 하면서 아쉬워할 때
• 설문. 다음 사람에게 추천하는 것, 빠지지 않고 열심히 나오려고 노력하는 것을 보고	• 빠지지 않고 열심히 나오려고 노력하는 것 볼 때
• 준비한 것만큼은 부부들한테 잘 전달한 것 같다 • 기대치만큼은 충분하게 이루었다는 만족함은 있지요 • 자기가 계획했던 일이 만족하다는 것을 느낄 때 어느 방법으로든 피드백이 있을 때 만족하는 것 • 저희가 준비한 활동에 만족하고 또 유익한 시간이라는 결과를 주셨기 때문에 저희가 준비한 것만큼은 여기 부부들한테 잘 전달을 한 것 같다 싶구요	• 준비한 것만큼은 잘 전달한 것 같음
• 숲에서 조용히 자신에게 집중하고 심호흡하는 것만으로도 진정이 되고 좋다 • 같은 명상이어도 집에서 하는 것보다 숲에서 새소리 들으면서 심호흡하며 맑은 공기 마시면서 하는 것이 좋다 • 공원숲 속으로 들어온 것만으로도 도움이 된다. 숲에 오는 것만으로도 일단 거기서 같이 심호흡하고 신선한 공기를 마시는 것 • '아, 숲에서 이런 태교를 할 수 있는 게	• 집중하고 심호흡하며 즐거운 감동과 만족을 느낌

참여자 진술 내용	의미단위
참 좋구나' 하면서 결과적으로도 만족해서 산림에 대한 긍정적인 이미지를	
・엄마들이 배를 만지면서 애가 너무 좋아하는 것 같아요. 막 움직여요. 만져보세요. 여기 오기 전에는 힘들어서 배가 딴딴했었는데 이렇게 풀어지고 아이가 이렇게 움직이며 좋아해요. 엄마가 편안해지니까. 그런가 봐요 ・'아기가 움직여요. 제가 좋으니까 이 녀석도 좋은가 봐요'	・숲속에서는 태동도 활발해짐
・임부를 포함한 가족이 모여서 즐겁게 웃고 놀고, 자연 속에서 자연스런 스킨십을 통해서 친밀도를 높이고 그러면 임부가 심리적인 안정을 취하는 데 도움이 많이 되고 중요할 것 같아요 ・엄마가 불안감을 줄이고 엄마에 대한 힐링도 있지만 아기나 아빠의 힐링도 되니까 보람도 있다. 숲이 주는 효과가 있으니까	・가족의 힐링으로 기여함
・전문성 있는 잘 갖추어져 있는 전문가들이 많이 확산돼줄 수 있는 「태교지도사」들이라든가, 「숲태교지도사」라든가 전문적인 이 과정이 있는 게 필요하다 ・숲태교 전문과정이 필요하다고 저는 생각을 했었고	・숲태교전문가들이 많이 확산되기 바람
・아기를 위한 동시나 태담집 자료를 개발해주면 좋겠다는 생각 ・처음에는 표준된 프로그램이 없어서 아쉬웠다. 굉장히 간절했다. 매뉴얼이 있으면 좋은데	・태아 동시나 태담집 자료를 개발해주기 바람
・숲에서 만들기보다 가만히 누워서 바라보기, 쉬기, 명상을 진행하고 싶음	・숲에서 만들기보다 정적인 활동을 진행해보고 싶음
・날씨가 좋지 않으면 거기에 대한 준비를 하면 되거든요 ・한겨울이라도 보완하면 문제 될 건 없어요 ・시간을 짧게 한다든가, 햇빛이 아주 좋은 시간대에 한다거나 아니면 무릎담요 같은 거를 준비를 해주신다거나 ・겨울에 태교 안 하나요? 겨울숲이 나름대로 너무 멋져요 ・겨울에는 식물원이나 수목원의 유리온실	・보완하고 준비해서 일 년 내내 겨울에도 진행되기 바람

참여자 진술 내용	의미단위
에서 활동	
• 홍보나 뭐 이런 것들이 좀 부족해서 정작 요 주변에서 오시는 분들은 한두 쌍 이렇게 하고 멀리서 오신다거나	• 충분한 홍보로 가까운 지역 분들이 참여하기 바람
• 이번에 모범이 되어서 다른 도시의 임신부들도 혜택을 많이 받으면 좋겠어요 • 숲태교의 혜택을 다른 사람들이 많이 받았으면 좋겠다는 생각에	• 이번 계기로 확산되어 많은 임부들이 혜택받기 바람
• 이렇게 찾아가지고 올 수 있는 욕구가 있으니까 조금 더 홍보를 많이 해가지고 그 사람들이 혜택을 많이 받았음 좋겠어요	• 욕구가 있는 사람들에게 혜택 있기 바람
• 해마다 이런 프로그램이 있는 것을 알면 훨씬 신청하고 참여하는 사람이 많겠죠	• 해마다 프로그램이 있다는 연속성이 있기 바람
• 심리적인 면에서 접근하는 시간이 좀 부족했어요. 아픔을 얘기할 수 있을만한 그런 분위기는 안 됐어요	• 심리적인 면에서 접근하는 시간이 부족함
• 이야기를 할 때 일단 이야기하는 것을 누군가 들어준다는 게 중요하고, 공감해주고, 공감만 해주면 스스로 자기 답을 찾잖아요 • 공감해주면 스스로 자기 답을 찾지만 열린집단이라 그런 것이 한계점이었네요	• 아픔을 얘기할 수 있을만한 그런 분위기는 안 됐음
• 20주부터 32주까지니까 20주부터 나오기 시작하면 8회기 정도는 충분히 할 수 있거든요	• 20주부터 나오면 8회기는 충분히 할 수 있음
• 연속성을 가져야 좋은 숲태교. 조금 더 기간이 길면 좋겠다. 적어도 4주는 최소한 해야 되겠습니다 • 나올 수만 있으면 4회는 적다고 생각했지요	• 활성화 되면 한 사람이 3~4주 이어서 하기 바람
• 예비 부모를 위한 숲태교프로그램이 있으면 • 결혼을 앞둔 젊은이들 대상으로 숲태교가 확장됐으면 하는	• 예비 부모 대상으로 범위가 확장됐으면 좋겠음
• 남학생에게도 해당하는 얘기죠. 의외로 애들이 숲에 와서 교육받고 그러는 거 굉장히 좋아해요	• 대학생들에게 숲태교프로그램이 적용되기 바람
• 출산휴가를 충분히 준다든가, 임신 기간에 임신부들이 안정적인 생활을 할 수 있는 태교 기간을 마련해준다든가 또 계	• 사전태교부터 충실히 준비할 수 있기 바람

참여자 진술 내용	의미단위
획임신을 할 수 있는 사회환경을 만들어 주는 제도적 정책이 필요 · 임신 환경을 많이 배려해줘야 하는데	
· 아기의 성향도 배 속에서 편안하고 행복한 상태에서 태어난 아기하고 엄마가 짜증 내고 그런 상황에서 태어난 아이와는 다르잖아요. 책에도 나와 있고 저도 그렇게 생각해요 · 엄마가 스트레스를 안 받아야 된다는 많은 글들이 있고 실험결과도 있고	· 배 속에서부터 편안하고 행복한 상태로 태어난 아기
· 부부들의 행복해하는 모습을 보면서 저 부모의 아이로 태어난 아이는 분명히 행복하게 자랄 것이라는 생각이 든다	· 저 부모의 아이는 분명히 행복하게 자랄 것임
· 부채 등의 결과물을 보면서 그때 참석했을 때의 마음도 생각할 수 있고 사진도 보고 그 글귀도 보면서 그 마음 잊지 않고	· 결과물을 보면서 참석했을 때의 마음 잊지 않음
· 전체적으로는 처음과 끝의 데이터를 비교함 · 항스트레스 지수가 좋은 쪽으로 변화가 조금 있는 것으로 · 기대는 했지만 이만큼이라도 변했다는 것이 천만 다행 · 숲태교 효과가 있구나라는 거는 뇌파의 결과를 통해서	· 뇌파검사의 유의미한 변화
· 숲에서 태교활동을 하는 게 엄마들 정서적인 변화가 일어날 수 있구나 · 아기와 부모와의 친밀감 증대를 위한 프로그램을 하다 보면 자연히 우울감은 줄어들 것	· 임부의 정서적 변화로 우울감 감소
· 기본적으로는 정서적으로 아이한테 도움이 되면 좋겠다는 생각 · 태아 때부터 중요한 문제라는 것들을 공감하고 책도 보고 그러면서 우리가 할 수 있는 방법이 있구나 하는 생각을 하였다 · 태교를 잘 해서 아이들이 건강이나 정서적으로 안정돼서 안정된 생활을 하면서 바르게 큰다면 우리가 좀 희망이 있지 않을까	· 인성에 미치는 영향을 기대함
· 임부를 위해서 뭔가를 해주는 것은 긍정적.	· 둘째의 출산을 장려함

참여자 진술 내용	의미단위
자기 아기에 대해서 사랑스럽게 느끼는 것. 아이를 키우는데 재미있고 친밀감도 높고 그러면 '하나를 더 낳아야지' 라고는 할 수는 있을 것 같아요 · 아이가 배 속에서부터 태담 듣고 그러면서 자라니까 성장에도 굉장히 긍정적일 것이다. 첫째 아이에 대한 그런 긍정감이 둘째 아이를 출산할 때도 긍정적으로 작용할 수 있지 않을까	
· 숲에서 이루어지는 산림의 효과, 숲이 우리에게 주는 긍정적 효과가 지대하다는 산림의 홍보효과를 함께 제공해주는 거지 · 노력해서 미래를 잘 준비를 해주면 태아가 유연하게 자라날 수 있죠	· 숲의 긍정적 효과를 제공해줌
· 숲에서 만들기 한 것을 미래에도 아이가 긍정적으로 봐주길 바라는 마음으로	· 만들기 한 것을 아이가 긍정적으로 봐주기 바람
· 숲태교를 하면서 태담도 들으면서 태어난 아이들은 훨씬 사회성도 좋고, 아이들이 유난히 잠투정하는 것도 없다고 하더라구요 성격이 좋다고 나와 있는 것도 있고 나도 그렇게 생각하고 있어요	· 숲태교하며 태어난 아이는 성격, 사회성도 좋다고 함

<표 4>는 <표 3>에서 만들어진 169개의 의미단위를 중심으로 49개의 카테고리를 만들어서 하위구성요소를 완성하였다. 그리고 하위구성요소를 다시 12개의 구성요소로 개념화하였다.

<표 4> 숲태교 프로그램 진행 경험을 통한 숲태교의 의미와 구성요소

의미단위	하위구성요소	구성요소
부부가 같이 하면서 친밀도가 높아지고, 더 돈독해짐 임신기간에 필요한 숭고하고 건강한 마음 자세 새 식구 맞으며 느꼈던 순간을 영원히 한 몸으로 한 생명을 돌본다는 정신적 부모의 자세	돈독한 마음으로 새 식구 맞기	태아와 하나 되는 숲 소풍
날씨 좋은 날 실외로 나와서 아버지태교도	태아랑 하나 되는 숲 소풍	

의미단위	하위구성요소	구성요소
같이 태아랑 편하게 소풍 왔다고 생각하며 즐기는 것 아직 세상을 보지 못한 생명과 부모를 연결해주는 것		
마음을 열게 하는 숲이 주는 선물 숲으로 나와서 눈으로 즐기고 마음이 열리는 것 제일 중요한 것은 숲이라는 좋은 환경을 제공함	태아에게 주는 숲 선물	
안전을 기본으로 자연을 느낄 수 있게끔 풀어내는 것 임부 생각이 태아에게 온전히 영향이 미치는 것 부부 소통과 갈등해소로 자연이 주는 깨달음을 앎	자연의 깨달음을 느끼는 소통	
태아와 인격적 관계형성을 위한 임신가정의 화합 부모가 화목할 기회를 더 넓혀주는 사회적 배려 임신가정에 국가, 사회가 동참하고 감당함	임신가정을 위한 국가 사회의 배려	
임부, 치유사, 지원주최 모두가 중요한 요소임 참가 부부가 없으면 숲태교프로그램이 필요 없음 태교가 숲에서 할 때 극대화된다는 관점으로	4요소의 조화(숲, 임부, 진행자, 주최 측)로 극대화를	
자연주의 관점으로 안정적 태중환경 마련 인간의 생애주기에서 태교가 결정적으로 중요함 계획임신으로 태어난 아이의 향후 연결방법까지 고민 온전한 상태까지 접근시키는 노력이 진정한 태교	결정적 시기에 대한 진정성	숲태교에 대한 생각
임부가 과정중심으로 자연을 즐기도록 해야 함 프로그램에서 임부의 현재 상태를 섬세하게 고려함 최대로 행복한 마음으로 돌아가길 바람	임부상태를 편안하게 즐기도록	
숲태교를 위한 확고한 철학과 직업윤리를 가져야	확고한 철학과 직업윤리	

의미단위	하위구성요소	구성요소
숲태교가 추구하는 목적성을 인식시킨 다음 진행해야 확고한 철학, 충분한 사전준비가 조건형성의 기본 어떤 마인드, 어디에 포커스를 두느냐도 중요함		
편안한 마음으로 건강한 아이를 키우려면 어떻게 태아에게 더 잘해주지? 태아에게 무엇을 줄까 태아와 이루는 가정은 서로 존중하며 화목하게	태아 중심의 존중과 배려	
경력단절 후에 시작한 숲공부 관심을 갖고 아는 게 늘어 좋음 공모와 추천으로 시작	숲태교 진행 배경	숲태교 진행을 위한 노력
숲에 대한 이해가 있는 사람들이 진행을 도움 각각의 맡은 역할을 즐겁게 수행함	충실하게 수행한 진행자 역할	
숲태교 진행에 적합하도록 다양한 경력을 쌓음 부족해서 산림, 보건학, 심리학을 공부하며 연구함 숲치유를 위한 자격을 갖춤	다양한 경력과 부단한 공부	
숲태교 진행 요청에 즐거운 마음으로 참여함 숲태교를 위해 나름대로 연구하며 구상해보기 적극적으로 조르듯 하여 참여한 봉사활동	즐겁게 참여하고 구상함	
숲치유사는 은퇴 후의 직업 치유의 숲에서 치유사로 근무하는 분은 적음 돈으로 보고 직업으로 보면 못 함	숲치유사는 비정규 일용계약직	
보건 하신 분들이 많음 분만을 해본 나이 좀 든 사람이 좋음 둘 다 주강사의 입장에서 원원하며 진행함 내 주도하에 보조강사와 함께 처음 진행해봄	분만경험자의 연륜과 배려	숲태교 진행 전문가
프리랜서 직업을 갖게 되었다는 자부심으로 만족함 신뢰할만한 롤 모델이 되는 진행자의 자질 숲전문가들의 영역 확장으로 겹쳐져 잘 조절해야 함 전문분야에 따라 다른 숲태교 접근방법	신뢰로운 전문가의 자부심	
처음 진행하여 체계적이지 못함	아직 체계적이지 못한 주최 측	

의미단위	하위구성요소	구성요소
전폭적 지지 하나 인식 부족함 원활한 진행을 위해 기획단계부터 논의 필요함		
요즘 임부의 행동반경과 활동에 적합 완경사 쾌적하고, 또 오면 즐겁고 아늑하고 가까움 접근성 좋아 부담 없이 올 수 있음 화장실 가깝고 도로와 가까이 주차장이 있음 응급상황에 바로 대처 가능함	임부에게 최적인 안정된 도시숲	숲태교를 진행하는 도시숲
모기나 벌, 해충, 진드기 같은 것 때문에 걱정됨 소음이나 의자 등이 불편하고 숲 차원에서는 열악함	제대로 편안하게 하기에 열악함	
처음 진행하여 정비가 미흡함 비품저장소가 없어 만들기 등에 한계가 있음	진행 장소의 정비 미흡	
자기가 신청하고 시간 내서 오는 거라 눈빛이 다름 기상천외한 태명에서 태아일기까지 좋은 것을 알려주면 실행하고 콕 집어 피드백을 줌	목적성 있는 적극적인 눈빛	
숲의 맑은 공기를 태아에게 주는 것만으로도 좋아함 엄마가 이렇게 행복한데 태아는 얼마나 행복할까 태아에게 영향을 주는 엄마가 안정되어야 함 진행을 받는 임신부부에게 초점을 맞춰줄 수 있음	눈에 보이는 대상은 임신부부	
요즘 태교는 아빠랑 같이 하는 추세임 아빠들이 실행하며 태교에 적극적 태도를 가짐 기대감 없이 끌려나와 힐링되어 쉬고 가는 아빠 집에서 아빠 역할을 할 만한 꿀팁을 줌	적극적 참여자인 바쁜 아빠	숲태교하러 오는 사람들
태아를 바라보고 도움이 되는 방향으로 하는 것 태아에 대한 부모 마음이 초롱초롱한 눈망울에 둘이 갖는 교감 속에 보이지 않는 아이의 존재감 태교 때문에 주말에 멀리서도 참여함	부부 가운데 바라보는 태아	

의미단위	하위구성요소	구성요소
우리와 살아야 하고 우리가 키워내야 할 다문화가정 미혼모, 특수계층의 숲태교는 다른 전문 영역 자발적 참여가 가능한 건강한 가정을 우선 그룹화함	함께 키워야 할 특수계층 태교	
변수가 많은 임부 부부 중심이지만 주변과 잘 어울림 혼자 온 나름대로 활동함	변수 많지만 주변과 어울리는	
안전문제는 예민하고 세심하게 살피는 것부터 숲태교에서는 매트리스를 두툼하고 크게 30분 전에 모기장, 매트를 미리 옮겨놓음 신경이 엄청 쓰이지만 절대 긴장하는 티 내지 않음	세심하고 예민하게 안전 위주로	
반복되는 기본동작과 임부의 속도에 맞추는 오감체험 걷는 코스 제한으로 활동이 다양하지 못함 만삭 임부도 가능하게 동적 활동의 방법은 변형함 임부에게 해가 없는 한방차와 천연방충제를 사용함	만삭 임부들도 편안한 방법으로	임부와의 숲태교법
그 나무에 대한 철학을 뽑아내서 심리적으로 접근함 자존감이 올라가게 정서적인 대화를 함 인성과 감정을 이끌어내서 자유롭게 느끼게 함	긴장감 없이 정서적 활동을	
대부분 10명 내외지만 어떤 땐 2쌍도 진행함 자연이 가장 아름다울 때 상·하반기로 나누어서 280일 중 3~4회 참여도 어려움 오후에 2시간이 모자라 대부분 초과함	참여 시기, 시간과 적정인원	
나뭇가지 하나로도 다양하게 생각할 수 있는 숲 건강교육보다 자연을 매개로 스트레스 해소함 태아가 태어나면 함께할 숲놀이들 숲속에서 하는 다양한 숲태교활동들 융통성 있게 적용하는 다양한 명상	자연물로 하는 다양한 숲 활동	숲태교에서 무엇을 하나
배우자와 스킨십 하는 위주로 하는 숲속운동프로그램 숲속 아로마 마사지는 어떤 전문가보다 좋음	배우자와 편하게 스킨십 기회	

의미단위	하위구성요소	구성요소
편하고 같이 할 수 있어서 스킨십을 유도함		
평소에 듣지 못하는 숲해설가의 얘기를 들음 임부들이 좀 더 마음도 따뜻하게 느껴짐 태아에게 진심을 담아 하는 모습이 예쁨 자식 같은 임부들이 배 나와가지고 행복해 하는 모습	숲태교를 진행하고 싶은 이유들	숲태교에 왜 참여하지?
뭔가를 배운다기보다 쉬라고 함 프로그램 안으로 들어오면 진행자가 이끄 는 대로 함 의도했던 것보다 그분들이 더 올라와 분위 기가 좋음 현장에서 충분히 스스럼없이 분출될 수 있 도록 함	스스럼없는 분위기 따라 열 심히	
임신하면 일단 태교를 한다고 생각함 수학태교, 영어태교는 스트레스가 장난이 아님 문화센터에서 뭐 만들고, 실내 의자에 앉아 서 함 삐까번쩍한 것 만든 결과물에 혹하게 되기 도 함	숲태교를 하게 된 것이 다행	
태아랑 얼마나 친밀감 형성하는지에 초점 을 둠 실내에서는 숲에서처럼 걸을 수 없음 나무 밑에 누워서 나무 쳐다보는 것이 플 러스가 됨 열린 공간에서 접하는 숲과 함께한다는 이 점이 있음	숲이 주는 장점이 플러스됨	
임부들이 좋아하고 행복해하니까 치유사는 힐링 됨 나뭇잎 사이로 나오는 하늘은 치유사도 힐 링이 됨 내 자식 같으니까 친정 엄마 같은 마음으로 끝나면서 울기도 하나 그럼에도 불구하고 긍정적임	임부의 행복이 치유사의 힐링	숲태교 진행자로 얻는 보람
나뭇가지로 만드는 새로운 아이디어 많이 얻어갈 때 만족해하는 피드백과 끝나고도 유지되는 단체 톡방 태아를 위한 동시를 지어 와서 적으며 만 족해할 때 벌써 끝났어요? 하면서 아쉬워 할 때	만족한 결과로 행복한 치유사	
빠지지 않고 열심히 나오려고 노력하는 것	출석률 높고 잘 전달한 느낌	

의미단위	하위구성요소	구성요소
볼 때 준비한 것만큼은 잘 전달한 것 같음		
집중하고 심호흡하며 즐거운 감동과 만족을 느낌 숲속에서는 태동도 활발해짐 가족의 힐링으로 기여함	온 가족의 행복으로 확장	
숲태교전문가들이 많이 확산되기 바람 태아동시나 태담집 자료를 개발해주기 바람 숲에서 만들기보다 정적인 활동을 진행해보고 싶음 보완하고 준비해서 일 년 내내 겨울에도 진행되기 바람	숲태교의 전문가적 개입	진행자가 바라는 것
충분한 홍보로 가까운 지역 분들이 참여하기 바람 이번 계기로 확산되어 많은 임부들이 혜택 받기 바람 욕구가 있는 사람들에게 혜택 있기 바람 해마다 프로그램이 있다는 연속성이 있기 바람	많은 임신부부에게 혜택을	
심리적인 면에서 접근하는 시간이 부족함 아픔을 얘기할 수 있을 만한 그런 분위기는 안 됐음 20주부터 나오면 8회기는 충분히 할 수 있음 활성화되면 한 사람이 3-4주 이어서 하기 바람	고정멤버대상의 심리적 접근	
예비 부모 대상으로 범위가 확장됐으면 좋겠음 대학생들에게 숲태교프로그램을 적용되기 바람 사전태교부터 충실히 준비할 수 있기 바람	대상 범위의 유연한 확장	
배 속에서부터 편안하고 행복한 상태로 태어난 아기 저 부모의 아이는 분명히 행복하게 자랄 것임 결과물을 보면서 참석했을 때의 마음 잊지 않음	행복한 부모 행복한 아이	숲태교 하면 어떻게 될까?
뇌파검사의 유의미한 변화 임부의 정서적 변화로 우울감 감소	결과로 확인된 숲의 효과	
인성에 미치는 영향을 기대함 둘째의 출산을 장려함	인성발달과 출산장려에 기여	
숲의 긍정적 효과를 제공해줌 만들기 한 것을 아이가 긍정적으로 봐주기 바람 숲태교하며 태어난 아이는 성격, 사회성도 좋다고 함	숲태교 효과에 긍정적 인정	

제3장 숲태교 진행 경험을 통한 숲태교의 의미와 본질에 대한 상황적 구조진술

1. 태아와 하나 되는 숲 소풍

가. 돈독한 마음으로 새 식구 맞기

참여자들은 부부간에 뭔가를 만들 때 가장 표정이 밝고 진지하며 더 돈독해지는 모습을 보게 되었다. 프로그램을 같이하다 보면 손도 잡고 대화도 많이 하게 되고 아기한테 같이 동시도 읽어주면서 부부 간에 친밀도가 높아지기도 하였다. 함께하는 부부 모습이 너무 좋았다. 태중에 있는 새 식구를 중심으로 숲에 와서 서로 눈빛으로 교감하면서 느꼈던 그 순간을 영원히 잊지 않으려 하고 있었다. 임부들이 몸이 불편했어도 정신적으로 심리적으로는 맘 편하고 좋다는 것을 느낄 수 있었다. 한 몸으로 한 생명을 돌봐야 한다는 적극적 자세를 갖게 만들어야 하는 태교는 정신적으로 부모가 될 사람을 준비하도록 만드는 것이다.

> - 부부간에 뭔가를 만들 때 가장 표정이 밝고 진지했어요. 부부 간에 오면 뭔가 플러스됐다는 느낌이 있고, 같이하면서 더 돈 독해지는 모습을 보게 되었어요. (참여자 1)
> - 새 가정을 이루는 새 식구를 맞이하는, 요런 거에 중점을 두고요, 그다음에 이 순간순간, 그때 숲에 와서 서로 눈빛을 교 감하면서 서로 느꼈던 그 순간을 영원히 잊지 않도록 그런 것들을 전달하고 있어요. (참여자 2)
> - 운동이나 좋은 얘기, 파란 하늘을 보며 자연적인 치유되는 자 체가 태교잖아요. 태중에 있는 아기를 중심으로 해서 주변 환 경이 잘 조성되도록 받쳐주는 것, 한 몸으로 한 생명을 돌봐

나. 태아랑 하나 되는 숲 소풍

숲태교라는 것이 생소하게 여겨졌던 임신 부부들은 그저 날씨 좋은 날 실외로 나와서 좋은 공기 마시면서 부부가 함께 뭔가를 한다는 것으로 생각했다. 부부가 같이하면서 아빠도 태아에 대한 것들을 느끼는 아버지 태교도 같이하는 것이니까 대단한 것이었다. 태아랑 얼마나 친밀감 형성하는지에 초점을 두고 태아랑 편하게 소풍 왔다고 생각하며 즐기는 것이다. 태중에 있는 아기가 중심이 되고 태아가 주체가 되어, 태아를 바라보고 숲태교를 해야 한다. 보이지 않는 대상을 어필해줘야 한다. 그러면서 아직 세상을 보지 못한 생명과 엄마와 아빠를 연결해주는 것이 태교다.

> - *생소했던 숲태교는 남편과 좋은 공기 마시면서 하는 활동이죠. (참여자 3)*
> - *태아랑 편하게 소풍 왔다고 생각하며 즐기는 것, 아이랑 얼마나 친밀감 형성하는지에 초점을 두었다. (참여자 1)*
> - *다른 대상자들은 다 그 대상하고 상호작용해서 그 대상을 변화시키는 데 설득시키고 이해시키면서 아직 세상을 보지 못한 생명과 엄마와 아빠를 연결해주는 것이 태교지요. 모든 것을 태중에 있는 아기가 중심이 되는 게 그게 태교예요. 그게 대상이에요. 그 아기가 주체예요. 태아를 바라보고 숲태교를 해야 하거든요. (참여자 9)*

다. 태아에게 주는 숲 선물

참여자들은 임신 부부가 숲에 와서 숲을 바라본다는 것 자체가 마음을 열게 하는 것으로 숲속에서 활동하는 것은 태아에게 주는 선물이라고 생각되었다. 숲태교에서는 눈으로 즐기고 마음이 열리니까 꽃을 보면 꽃을 봐서 좋으니 어떤 태교보다 더 좋은 것 같았다. 게다가 날씨가 받쳐주면 더 좋은 것이다. 태중의 아기에게 중요한 환경이 무엇인지 생각해보면 제일 중요한 것은 자연하고 같이 할 수 있는 숲이 더 좋은 환경을 제공하였다.

> - 숲에 온다는 그거 자체가 숲을 바라본다는 자체가 마음을 열게끔 하거든요. 마음을 열게끔 그 숲속에서 활동을 그러니까 숲이 주는 선물이라고 생각하면 될 것 같고요. 숲 자체가. (참여자 2)
> - 숲태교는 일단 나와서 눈으로 즐기고 마음이 열리는 그런 저기니까, 꽃을 보면 꽃을 봐서 좋고, 예 막 이러니까 어떤 태교보다도 더 좋은 것 같아요. 날씨가 받쳐주면 더 좋고요. 숲에 누웠을 때 나무 사이로 보는 어떤 햇빛 조각을 보면 그냥 행복해져요. (참여자 8)

라. 자연의 깨달음을 느끼는 소통

참여자들은 임부의 안전을 가장 중요하게 여겼다. 그런 가운데 임신 부부들이 숲에서 충분히 자연을 느낄 수 있도록 마음을 풀어내는 것이 중요했다. 숲에서는 제한되는 것이 없어서 하나가 주어지면 다양하게 상상하고 창의성을 펼쳐나가는 것이 태아에게도 온전히 영향을 미친다는 것을 생각했다. 자연을 통해서 임신 부부가 살아가면서 힘들게 하는 갈등을 어떻게 해소하고, 소통하는가에 대한 지혜를 얻도록 하여 결국에는 가족이 소통하는 깨달음을 얻는 과정이었다.

- 안전. 모든 활동에 안전사고가 있으면 안 되잖아요. 참가자들이 와서 얼마만큼 자연을 느낄 수 있게끔 제가 풀어서 마음을 풀어내느냐, 이제 이런 것들이 가장 중요하겠죠. (참여자 2)
- 숲으로 나오면 뭔가 딱 제한적인 거는 없잖아요. 임신부들한테도 하나가 주어졌을 때 이거에 대해서 다양하게 생각할 수 있는 그게 태아한테도 온전하게 영향이 가는, 그게 좀 건전한 좀, 정신이라든지 이런 것들이 정말 단순한 한 시간 프로그램인데도 그런 것들을 주려고 저희가 노력을 많이 했죠. (참여자 8)

마. 임신가정을 위한 국가 사회의 배려

참여자 9는 태교의 가장 근원적인 목적이 임부 가족의 안정과 화합이라고 생각해서 태아와 인격적 관계 형성을 하는 것이 중요하다고 생각했다. 그래서 가능하면 기간을 길게 해서 임신 부부가 서로 화목해갈 기회를 더 많이 가지도록 해야 하겠다는 생각을 사회적 배려 차원에서 하게 되었다. 사업비를 받아서 무료로 진행했지만, 항상 임부들한테 최선의 프로그램을 제공하기 위해 노력했다. 영양을 생각해서 유기농으로 좋은 음식을 먹게 하고 좋은 얘기 듣고, 좋은 활동 하도록 열심히 노력했다. 이것은 국가와 사회가 큰 비용을 감당하고 동참하면서 임부들의 존재가 굉장히 소중하고 관심을 두는 대상이라는 것을 인정하고 우선시하는 것이다.

- 가장 근원적인 목적은 임신부의 안정과 가족의 화합이죠. 잉태된 아기에 대한 인격적 관계 형성은 어떻게 해나가야 한다는 방법론적인 것을 제시해주는 거. (참여자 9)
- 국가가 당신들을 위해서 이렇게 큰 비용을 감당하고 사회가 동참해서 이런 수고를 하고 있어서 당신들의 존재가 굉장히 소중한 존재들이고 전 국민적 관심이 있는 대상이 임신가정이라고 하는 것을 국가적인 관심도를 홍보해주는 것이지. (참여자 9)

2. 숲태교에 대한 생각

가. 4요소(숲, 임부, 진행자, 주최 측)의 조화로 극대화를

숲태교는 도시숲, 임부, 진행자, 주최 측이란 4요소가 조화를 이뤄야 한다. 그중에서 임신 부부 가운데 보이지 않는 태아는 숲태교의 중심이라고 할 수 있다. 태교의 장소가 열린 공간인 숲에서 이루어질 때 숲태교의 효과가 극대화된다는 점을 강조할 수 있다.

> - 숲태교가 잘 이루어지려면 참여하는 산모, 치유사, 지원해주는 주최 모두가 중요한 요소예요. 치유사나 아니면 이런 프로그램을 만들어내는 기관이나 뭐 이런 것도 중요하지만 그것을 신뢰하고 오는 사람들, 참가자들, 그 참가자들이 없으면 사실 프로그램 자체가 필요가 없잖아요. (참여자 1)
> - 태교가 숲에서 할 때 극대화된다는 관점으로 숲으로 갔어요. (참여자 9)

나. 결정적 시기에 대한 진정성

참여자 9는 숲태교를 하는 철학으로 의료학의 관점과 달리 인간 발달적 관점을 갖는 것이 중요하다고 하였다. 그동안 20년 이상 진행해오며 점점 진화하며 발전하던 태교를 숲이라는 공간에서 진행하게 되었다. 인간 발달 단계에서 서양 학문에서는 영유아기를 결정적 시기라고 하였으나 태교를 하는 입장에서는 태교를 좀 더 근본적인 결정 시기로 중요하게 보게 되었다. 이를 위하여 계획 임신을 하고 태어난 아이가 성장하면서 갖게 되는 신념까지 고민하며 숲태교를 시작하게 되었다.

- *의료개입에서 보는 태교가 있고 우리같이 발달적 관점에서 보는 태교가 있지요. 숲태교에 대한 관점은 자연주의, 생태주의를 철학적 배경, 사상적 배경으로 했어요. 한 인간의 생애주기를 가장 중요하게 본 거죠. 태교가 결정적이니까. (참여자 9)*
- *정말 좋은 아기를 생산하는 것이 중요하다고 생각을 하고, 충분한 계획 임신에서부터 태어난 아이들의 향후 신념까지를 어떻게 연결을 해주어야 하는가라는 고민을 하고 시작한 거지요. (참여자 9)*

다. 임부 상태를 편안하게 즐기도록

임부들이 숲태교 하는 과정 자체를 즐기면서 생활이 되도록 하였다. 숲태교 진행자는 안전에 대한 문제가 가장 힘들고 항상 불안해서 비상연락망을 갖고 다닌다. 일반인과 다르게 미리 날씨를 보고 따뜻한 옷을 준비하도록 하고 천연 모기향을 임신부 다리 같은 데 발라서 벌에 쏘이지 않도록 하는데 예민하게 임부의 안색을 살피고, 힘들어하나, 땀을 흘리나, 배가 아프진 않나, 미끄러지지 않을까 살피면서 진행자가 한 사람 앞에 가면 뒤에도 한 사람 간다. 안전 위주로 끊임없이 몸을 살피면서 언제나 임부들이 최대로 행복한 마음으로 돌아가면 좋겠다는 마음으로 진행하였다.

- *숲태교 할 때 강사는 항상 축이 서 있어야 해요. 예민하게, 산모의 안색을 살피고, 힘들어하나, 땀을 흘리나, 배가 아프진 않나, 미끄러지지 않을까, 안전에 대한 문제 그게 최고 힘들죠. 항상 불안해요. 의사한테 연락할 수 있는 비상연락망 갖고 다녀야 하고 항상 강사가 한 사람 앞에 가면 뒤에 가고 안전 위주로 걸으면서 끊임없이 몸을 살피는 끊임없이 그 사람의 안색을 살피지요. (참여자 1)*
- *언제나 그분들이 최대로 행복한 마음으로 가시면 좋겠다는 마음이어서 보조이건 주 치료사건 마음가짐이 다른 것은 모르겠어요. (참여자 5)*

라. 확고한 철학과 직업윤리

숲태교 진행자는 숲태교를 위한 확고한 철학과 직업윤리를 가져야 한다. 그래야 숲태교가 추구하는 목적을 인식한 다음에 진행할 수 있다. 숲태교에 대한 확고한 철학을 갖고 사전준비를 철저하게 하여 숲태교 할 조건을 만들어 놓고 출발하였다. 어떤 마인드로 어디에 포커스를 두느냐도 중요하지만, 임부들이 자연을 즐기고 즐거워할 수 있게 해야 한다.

- *모든 직업에는 그 직업의 윤리가 있는데 숲태교에서도 숲태교를 위한 확고한 철학과 직업윤리를 가져야 숲태교가 추구하는 목적을 인식한 다음에 진행할 수 있어요. 숲태교에 대한 확고한 철학을 갖고 사전준비를 철저하게 하여 숲태교 할 조건을 만들어 놓고 출발했어요. (참여자 9)*
- *프로그램 설정과 임신부의 현재 상태 하나하나를 섬세하게 고려했죠. 확고한 철학, 충분한 사전준비가 숲태교 조건형성의 기본이지요. (참여자 9)*
- *생각, 어떤 마인드, 어디에 포커스를 두느냐도 중요하지요. 임부들이 자연을 즐기고 즐거워할 수 있게 해야 해요. (참여자 1)*

마. 태아 중심의 존중과 배려

참여자 1은 임부가 편안한 마음으로 건강한 아이를 키우려면 임부의 건강체크를 하기보다 임부의 스트레스를 해소하도록 하면서 상처가 치유되도록 해야 아기를 건강하게 키우게 된다고 알고 있었다. 그래서 숲이라는 공간에서 태아에 대한 이해를 바탕으로 배 속에 있는 아기한테 어떻게 더 잘해주어야 좋은지를 생각하였다. 태아와 이루게 되는 가정이 서로 존중하며 화목하게 생활하려면 결국 심리적으로 안정되는 것으로 생각하였다.

- 의학적 지식을 전한다기보다 산모가 어떻게 하면 스트레스를 안 받고 편안한 마음이 될까? 엄마가 스트레스가 없어야 하고, 엄마의 상처가 치유돼야 자식에게 자기의 감정이 투사가 안 되니까 건강한 아이를 키울 수 있는 거예요. (참여자 1)
- 숲이라는 공간에서 무엇을 태중의 아기에게 주고 싶다는 방향성을 가져야 하지 않아요. 숲 치유와 다른 시각에서 숲태교를 해야지요. '배 속에 있는 아기한테 어떻게 더 잘해주지?' 그러면 태아한테 이해가 조금은 있어야 하거든요. (참여자 9)

3. 숲태교 진행을 위한 노력

가. 숲태교 진행 배경

참여자 2는 결혼 후 경력단절 되었다가 뭘 공부해볼까 해서 시작했다. 참여자 6은 중년이 되면서 나무에 관해서 관심을 가지니까 알게 되고 좋았다. 숲태교에 대해서는 잘 몰랐는데 이번에 처음 지원해서 참여했다. 그리고 참여자 1은 메인 선생님이 원해서 추천했고, 참여자 3은 담당자가 추천해서 진행에 참여하게 되었다.

- 결혼 후 경력단절 되었다가 뭘 공부해볼까 해서 시작한 숲 해설사 공부. (참여자 2)
- 나무에 관심을 두게 된 게 40대 중반 정도부터였다. 사이트에서 찾으면서 관심을 가지니까 주변의 흔한 나무나 꽃의 이름들은 알게 되고, 눈에 뜨이게 되었다. 관심 두고 있으니 늘더라고요. (참여자 6)
- ㅇㅇ선생님의 추천으로 들어간 사람이기 때문에 좀 예외일 거예요. (참여자 1)
- 개인적으로 직업이 따로 있으니까, 담당자가 추천해주셨어요. (참여자 3)

나. 충실하게 수행한 숲태교 진행자 역할

숲태교에 참여했던 진행자들은 숲에 대한 이해가 조금 있는 사람들이어서 목적을 생각하고 많이 도와줬었기 때문에 손발이 잘 맞았다. 전체 프로그램을 진행하는데 뇌파 검사자로 숲해설가, 숲치유사, 걷기지도자, 전체적인 준비와 서류작업, 전체적인 관리, 숲 치유 자원봉사자로 참여하면서 메인은 메인대로 보조는 보조로서의 역할을 즐겁고 충실하게 수행하였다.

> - 협력하는 사람들도 숲에 대한 이해가 조금 있는 사람들이고, 많이 도와줬었기 때문에 손발이 또 잘 맞았고요 사업 목적을 이루기 위해서 다들 그 목적을 생각하고 다 도와주었다. (참여자 8)
> - 저는 뇌파 검사하는 것을 담당했어요 (참여자 7)
> - 저는 숲해설가예요 (참여자 2)
> - 저는 걷기지도자로 걷기 지도를 했어요 (참여자 3)
> - 협회에서 숲태교 지도사들을 교육하고 있어요 사람들이 우리가 기대하는 방향대로 할 수 있는 환경조성을 해주는 게 나의 역할이지요 (참여자 9)

다. 다양한 경력과 부단한 공부

참여자 1은 숲치유사로 5년간 숲태교 프로그램을 진행했고, 치유 프로그램에 직접 참여하고 봉사 활동도 2년간 했으며, 여러 대상에게 프로그램을 적용하며 진행했다. 그리고 참여자 9는 이미 20여 년 전부터 태교를 하였고 그중에 숲태교는 10년 전부터 진행해왔다. 숲치유사 자격증을 국가 자격으로 취득했지만, 사람을 치유하는 것이 쉬운 게 아니라 부족하다고 느끼면서 산림학, 보건학, 심리학 등의 관련 분야 학문을 계속하여 공부하며 연구하고 있다.

- ○○보건소에서 5년간 숲태교 프로그램 진행했고, 치유프로그
  램에 직접 참여하고 봉사 활동도 2년간 했어요. 「△△△법인
  」 연구위원으로 숲 생태 프로그램을 진행했고, 대학생들을
  위한 프로그램을 진행했어요. (참여자 1)
- 태교만은 20년 이상, 숲태교는 10년간 진행했지요. (참여자 9)
- 치유사 공부는 프로그램을 하는 데 도움 되고 심리학 공부는
  대상자를 편안하게 해줄 수 있지 않을까 해서요. 숲 치유는
  산림과 보건학 공부를 하고 산림자원을 이용한 치유를 할 수
  있어요. (참여자 1)

라. 즐겁게 참여하고 구상함

참여자 1은 숲태교에 즐겁게 참여하였다. 처음 연락받았을 때 진행 경험이 있고 동반 진행자와의 관계도 친밀해서 즐거운 마음으로 참여했다. 참여자 6은 임부에게 적용할 수 있는 프로그램을 구상하기 위하여 인터넷을 검색해보고, 서점을 찾아서 관련 도서를 구입하고, 손자를 키운 경험을 되살려보기도 하였다. 참여자 5는 공고가 난 것을 보고 숲 치유 공부를 하는 사람으로 봉사할 기회를 달라고 **담당자에게 세 번을 찾아가서 허락을 받고 참여하였다.**

- 숲태교를 한다고 연락받았을 때 제가 해본 경험이 있고, 시간
  이 2시부터여서 즐거운 마음으로 참여할 수 있었다. 즐거운
  마음으로 가자. 더구나 동반 진행자가 같이 1급을 공부한 분
  이었어요. 굉장히 친밀했거든요. (참여자 1)
- 산모에게 적용할 수 있는 프로그램을 구상을 해보고 인터넷
  사이트 등을 통하여 대표적인 반응 등을 보면서 그 프로그램
  에서 주로 하는 활동을 보게 되었어요. (참여자 6)
- 산림치유를 공부하니까. 그게 뭔지 접해봐야 할 것 같았어요.
  산림녹지과에서 공고가 난 것을 보았어요. ○○구에 선정된 다
  음에 봉사할 기회를 주라고 3번을 찾아갔어요. 진행하기 전날
  구청에서 전화가 와서 진행자 2명과 함께 봉사하도록 허락해

서 오게 되었어요. 자원봉사자 푯말 달고 (참여자 5)

4. 숲태교 진행전문가

가. 숲치유사는 비정규 일용계약직

참여자들은 숲치유사가 직업으로 본다면 보장되는 것이 없는 계약직이고 불확실한 일용직이라는 생각을 하였다. 임금 면에서는 충족되지 않는 직업이라서 연금이 보장된 분들과 정말 이 일이 좋은 분들이 은퇴 후에 하는 것이 적당하다고 생각했다. 치유의 숲에서 치유사로 근무하는 분이 적은데 일자리나 수입으로 봐서는 인기 있는 직업이 아니고, 돈으로 보고 직업으로 보면 못 하는 일이라고 생각했다. 더구나 남자는 한 명도 공모에 뽑히지 않을 정도로 여성을 위한 것으로 연륜 있는 기혼의 출산경험자에게 적합한 직업으로 생각되었다.

> - *숲치유사는 보장되는 것이 없는 계약직이고 불확실한 일용직이에요 (참여자 4)*
> - *숲치유사는 은퇴 후의 직업이지요. 임금 면에서는 충족되지 않는 직업이라서 연금이 보장된 분들과 정말 이 일이 좋은 분들이 해요 (참여자 6)*

나. 분만경험자의 연륜과 배려

숲태교를 진행하기 위해서는 현장의 상황이 보건을 아는 분들이 편했다. 그리고 기왕이면 여자가 편하고, 약간 연배가 있으면서 아기를 낳은 경험은 최소한 필요하다고 생각했다. 참여자 1은 둘의 장

점이 모이면 더 다양한 프로그램이 나올 수 있고, 똑같이 주강사의 입장에서 프로그램도 의논하고 진행하려면 숲치유사 두 분이 진행하는 게 더 효과적일 거로 생각했다. 그런데 이미 공모로 뽑은 경우에 메인 강사와 보조강사가 있어서 참여자 6은 메인 강사로 본인의 주도하에 하면 좋겠다고 말하고 진행했다. 그러나 보조강사 처지에서는 관찰자 입장 같았다. 말 그대로 보조로 충실하게 보조역할을 수행하길 바랐다. 역할을 고정하니까 궁금해도 물어볼 수 없고 침범하기 어려워 불편한 경우도 생기게 되었다.

> - 숲태교는 간호사 출신이 같이 들어오길 원한다. 동료치유사도 중의사였다. 숲태교는 일반 사람들이 좀 두려워하고 보건 하신 분들이 많이 해요. 현장에서도 보건 쪽 전공자를 강사로 원한다. (참여자 1)
> - 숲치유사는 젊어도 분만을 한 사람, 나이 좀 든 사람이 좋을 것 같아요. 숲태교 진행자는 모두 여자들이 뽑혔어요. 기왕이면 여자가 편하고, 약간 연배가 있는 게 좋겠다. 아기를 낳고 경험해본 사람의 경험은 최소한 필요해요. (참여자 6)
> - 보조진행자이지만 관찰자 입장 같았어요. 말 그대로 보조였어요. 사실은 할 수 있는 게 전화하는 것과 현장에 와서 도와주는 것밖에 없더라고요. (참여자 4)

다. 신뢰로운 전문가의 자부심

참여자 2는 새로 직업을 갖게 되었다는 자부심으로 만족하였다. 시간도 충분히 갖고, 일도 할 수 있다는 것에 만족하면서 프리랜서라는 개념을 가지고 활동을 하면 훨씬 더 좋을 것 같았다. 참여자 9는 보이지 않는 아기에 관한 이야기는 신뢰가 충분히 이루어진 준비된 상태에서 자신을 롤 모델로 할 수 있는 숲태교 진행자가 해야 한다고 생각하였다. 숲치유사들을 보면 각자 전문분야들이 있다. 의학, 심리학, 숲 해설, 향기에 관심 있는 분 등이 프로그램을 진행하면서 본인들의 전문분야에 따라서 똑같이 나무를 보면서도 접근방법이 다 다르게 진행하였다. 숲치유사라는 전문가로서 이야기하는 것은 더 신뢰감을 주었다.

> - *새로 직업을 갖게 되었다는 자부심으로 만족한다. 시간도 충분*
>   *히 갖고, 일도 할 수 있는 거에 만족. 프리랜서라는 개념을 가지*
>   *고 활동을 하면 훨씬 더 좋을 것 같아요 (참여자 2)*
> - *숲치유사들을 보면 각자 전문분야들이 있어요 의학이라든가*
>   *심리학을 공부하면 그쪽으로 중점을 두며 풀어가려고 하고 숲*
>   *해설을 하신 분들은 숲이 연계되지요 어떤 프로그램을 진행*
>   *하든지 다 그분들의 자질에 따라서 서로 다를 수 있어요 똑같*
>   *이 나무를 보면서 하더라도 접근방법이 다 달라요 (참여자 1)*

라. 아직 체계적이지 못한 주최 측

참여자들은 이번에 숲태교를 처음 진행했고, 주최 측도 처음 진행하다 보니 시스템이 되어있지 않고, 체계적이지 못했다. 처음에는 어느 정도의 수요가 있을지 몰라서 ○○주민만 하려고 했으나 나중에는 멀리서 오기도 했다. 홍보한 것에 비하여 많이 오지는 않아서 언제라도 신청자가 갑자기 온다는 사람이 있으면 진행을 해야 하는 상황이었다. 아직 분위기 조성이 안 됐다. 담당자가 전폭적으로 지지를 해주셨다. 그런데 주최 측은 겨울이면 숲태교는 무조건 추워서 안 된다고 할 정도로 인식이 조금 부족했다. 기획단계에서 주최 측과 진행 과정의 공유가 원활하게 이루어지면서 같이 논의가 이루어져야 하겠다.

- 주말에 남편과 같이 오시는 분들이 많아서 나중에 주말을 1회 늘리고 주중 것을 줄여서 주중에는 몇 번 안 돼요. 처음에 7월부터 한다고 했으나 너무 더워서 실제로 9월부터 진행하게 되었어요. (참여자 4)
- 숲태교 앞으로 계속 진행하고 싶다고 할 정도로 정말 전폭적으로 지지를 해주셨어요. 모기장, 매트, 만들기 재료 이런 거를 우리가 해주실 수 있나요? 하면은 진짜 100% 해주셨어요. (참여자 1)
- 주최 측은 숲에 대한 인식들이나 이런 것들이 조금 부족하고, 겨울이면 무조건 추워서 안 된다 그렇잖아요. 진행하는 사람이랑 기획하는 사람이랑 기획단계에서 같이 이야기되면 좋겠어요. 주어지는 프로그램을 저희가 진행만 하는 그런 입장이니까. (참여자 2)

5. 숲태교를 진행하는 도시숲

가. 임부에게 최적인 안정된 도시숲

참여자들은 도시숲에서 하는 숲태교가 접근성, 안정성, 이런 것을 고려하여 선택한 것 같았다. 요즘 임부의 행동반경과 활동에 적합한 완경사로 이루어져 있고, 가장 좋은 건 화장실이 가까운 것이다. 잘 갖춰지지는 않았지만, 부담 없이 올 수 있고 쾌적하고, 즐거웠다. 진행하는 입장에서도 도로에서 가까이 있고 주차장이 있으니까 혹시 응급상황이 생겨도 빨리 대처할 수 있을 것 같아서 안심되었다.

- 접근성, 안정성, 이런 것을 고려하여 도시숲을 선택한 것 같아요. 장소가 아늑하고 아주 작아요. 임부들이 활동하기에 적합해서 딱 거기는 그 장소로 적합했어요. (참여자 4)
- 도시숲은 임산부에게는 좋은 적합한 것 같아요. 접근성 좋고, 가장 좋은 건 화장실이 가까운 거 아무래도 자주 다니잖아요. 응급상황이 생겨도 바로 처리할 수 있고, 주차장이 확보되어 있다. 임산부들이 오기에 부담스럽지 않은 장소, 임산부한테는 적당한 장소로 워낙 접근성이 좋으니까. (참여자 1)

- *진행하는 입장에서도 도로에서 가까이 있고 주차장이 있으니까 혹시 응급상황이 생겨도 불안하지 않은 거지요. (참여자 6)*

나. 제대로 편안하게 하기에 열악함

도시숲은 모기나 벌, 해충, 진드기 같은 것 때문에 걱정이 되었다. 숲이 있고, 나무가 있고, 접근이 용이하니까 도시숲을 활용하지만, 숲이라는 차원에서는 열악하다. 숲을 이야기하는 사람들은 도시숲이 사람에게 주는 효과가 치유의 숲보다 더 떨어지고 도시에서 떨어진 숲보다 마땅하지 않다고 한다. 더구나 임부들은 몸이 불편하니까 숲을 불편해할 수 있었다. 화장실 문제도 있고, 앉아있는 의자가 없는 것도 조금 불편해하는 부분이 있었다.

- *비행기 소리가 너무 시끄럽다는 얘기가 있었어요. 도시숲의 모기나 벌, 해충, 진드기 같은 것 때문에 걱정했어요. (참여자 6)*
- *도시숲은 숲이라는 차원에서는 열악하죠. 그러나 다른 공원보다는 낫지요. 숲이 있으니까 나무가 있고 숲을 이야기하는 사람들은 도시숲이 사람에게 주는 효과가 더 떨어지니까. (참여자 1)*
- *엄마들이 불편해할 수 있었어요. 화장실 문제도 있었고, 앉아있는 의자가 없는 것도 엄마들이 조끔 불편해하는, 왜냐면 몸이 불편하니까. (참여자 8)*

다. 진행 장소의 정비 미흡

지자체에서 숲태교를 처음 진행하게 되어 가지치기한 것들도 한쪽에 방치되어 있어 모기가 더 많았을 것 같은 미흡한 상태로 아직 정비가 이루어지지 않았었다. 그리고 비품저장고가 없다 보니 진행자가 비품을 모두 개인의 차에 싣고 다녀야 했다. 재료를 일일이 갖고 다닐 수가 없고 숲이라는 공간의 특성상 만들기 등을 하는 데 한계가 있었다.

- 처음 진행하는 도시숲의 정비가 미흡했어요 (참여자 4)
- 치유사의 차에 짐을 싣고 다녔어요 중간에 짐을 내려놓을 수 없어서 차 뒤에 언제나 가득 꽉 차게 가지고 다니느라 불편한 점도 있었어요 그리고 일일이 그것을 가지고 올라가야 하는 점이 불편했어요 여기서는 그걸 다 들고 날라야 하니까 최소한의 것들로 꼭 필요한 것들만 준비해서 들고 갔어요 그래서 할 수 있는 프로그램이 제한이 있어요 딱 그런 저장 장소가 없어서. (참여자 6)

6. 숲태교 하러 오는 사람들

가. 목적성 있는 적극적인 눈빛

참여자들은 숲태교 대상자들이 미리 휴가를 내서 오고, 자기가 신청을 해서 그 시간에 맞춰서 시간을 내서 오는 거니까 눈빛 자체가 다르게 느껴졌다. 이미 태담을 하는 사람들도 한두 분 있었고 태명은 다 있었다. 태명을 같이 불러주면 서로 아주 행복해하였다. 태교에 관한 팁을 알려주면 집에 가서 실제로 해보고 다음 주에 와서 자기한테 좋은 것이 무엇이었는지 바로 피드백을 주기도 하였다.

- 자기가 신청을 해서 그 시간에 맞춰서 시간을 내서 오는 거잖아요 그러니까 하나라도 더 귀 기울이고 그러는 것들이 눈빛 자체가 달라요 미리 휴가를 내서 오신 분을 두 분 봤어요 만삭의 산모도 있었어요 (참여자 4)
- 한 사람만 빼놓고 모두 태명이 있었다. 태명은 다 있어요 태명을 같이 불러주면 서로 아주 행복해했어요 이미 태담을 하는 사람들도 한두 분 있었어요 요즘 기상천외한 거 꿈, 임신

한 도시 이름을 짓는다든지 요즘은 기상천외한 태명이 너무 많아서 깜짝 놀랐어요. 태명만 듣고는 설명을 듣지 않으면 알 수 없는 거예요. 토속적인 것보다는 약간 좀 변형된 그런 거에 연관성 있는 태명을 짓는 것이 인상적이었고 (참여자 3)

- 마냥 좋은 게 아니라 그 프로그램 하나하나를 할 때 자기한테 좋은 것을 얘기하더라고요. 저는 이게 맞는 것 같아요. '태담 들려주는 것이 좋았어요. 아이가 아빠 목소리를 되게 좋아하나 봐요.' 했어요. (참여자 4)

나. 눈에 보이는 대상은 임신 부부

숲태교 대상자인 임부는 숲의 맑은 공기와 편안한 마음을 아기에게 전달해주는 것만으로도 좋아했다. 아기를 가진 엄마로서 이 프로그램을 좋아하고 즐거워한다는 것이 모두 태교가 된다는 게 너무 좋았다. 엄마가 이렇게 행복한데 배 속의 아이는 얼마나 행복하겠냐면서 주변에 꼭 태교하라고 권하고 싶다고 했다. 태아가 잘 성장할 수 있는 태중 환경을 만들려면 첫째는 엄마가 안정되어야 하는데 지금 눈에 보이는 대상이 임신 부부이기 때문에 거기에 초점이 맞춰질 수 있다는 점은 늘 신경 써야 하는 부분이다.

- 숲의 맑은 공기를 아기에게 주는 것만으로도 좋아요. 내가 이 편안한 마음을 아기에게 전달해주는 것만으로도 좋아요. 아기를 가진 엄마로서 내가 너무 좋아하고 즐거워한다는 것이 모두 태교가 된다는 게 완전히 달라요. (참여자 8)

- 아기가 생각되면 열심히 잘해야겠다고 생각하게 되고 조심하더라고요. 태교가 아가들이 배 속에서 엄마가 느끼는 것을 그대로 느끼게 되고, 배 속의 아가는 엄마가 이렇게 행복한데 배 속의 아이는 얼마나 행복할까 생각했어요. 꼭 태교하라고 하고 싶었어요. '우리 아기를 생각하면서 우리 아이가 자라면 이렇게 하면 좋겠다'라고 이야기했어요. (참여자 1)

다. 적극적 참여자인 바쁜 아빠

참여자들은 요즘에는 아빠들이 태교를 같이하는 추세라고 하였다. 일요일, 토요일에 쉬지 않고 나온다는 것 자체가 귀찮은데, 태교를 위해서 부부가 항상 같이 왔다. 저음의 아빠가 동화와 시를 들려주는 것이 좋다고 했고, 편지 쓰기는 같이하는데 남편이 더 잘하면 남편이 맡아서 했다. 늘 같은 시간에 동화책을 읽어주고 출퇴근할 때 엄마 배에 대고 아빠 다녀온다고 하면서 태아에게도 인사를 하고 있었다고 한다. 아빠들은 처음에 끌려 나온 것 같은 느낌이 들었으나 명상시간에는 릴랙스 되었다. 임부를 케어할 때 팁을 주고 분만에 도움이 되는 팁도 알려주었다.

> - 태교는 아빠랑 같이하는 게 요즘 추세라 숲을 매개로 한 숲태교는 상당히 좋더라고요. 부부가 항상 같이 와요. 나온다는 것 자체가 귀찮은데, 태교를 위해서 부부가 일요일, 토요일에 쉬지 않고 (참여자 4)
> - 요즘 아빠들은 적극적이에요. 놀라운 게 어떤 분들은 집에서 아빠가 태담이 좋다고 하니까 같은 시간에 규칙적으로 동화책을 읽어주고 출퇴근할 때 엄마 배에 대고 '아빠 다녀올게' 하면서 아가에게도 인사를 하고 있었다고 해요. (참여자 6)
> - 아빠들이 처음에는 끌려 나온 것 같은 느낌이 들어요. 토요일이니까 아빠들이 졸려 하는 분들이 있었는데 부인이 원하고 나도 아이를 위해서 무언가 해주고 싶으니까 마지못해서 오긴 했는데 소극적이고 남자들은 별로 기대하지 않고 왔다가. (참여자 3)

라. 부부 가운데 바라보는 태아

숲태교의 중심은 태아이다. 태아가 주체가 되도록 숲태교를 진행해야 한다. 숲태교는 부부프로그램 가운데도 눈에 보이지는 않지만,

그 둘 속에 아이가 있다는 그 존재감을 느끼고 전달하여야 하였다. 요즘 임신 부부들은 인터넷 등을 통한 정보력이 있어서 어디선가 캐치하고 오셨다. 정작 워킹맘들이 많이 왔다. 맞벌이하시는 분들이 바쁘게 살다 보니까 태아에 대한 태교나 이런 것들을 평상시에는 신경을 못 쓰고 있다가 욕구를 해소하는 방법을 주말에 찾는 것이다. 멀리서도 이 프로그램이 너무 좋아서 참석하시는 분들이 많았다. 자기 집 근처에도 이런 프로그램이 있으면 좋겠다고 아쉬워하고 감사하다고 하였다.

> - 둘이 갖는 교감 그 둘 속에 아이가 눈에 보이지는 않지만, 아이가 있다는 그 존재감을 같이 이렇게 하면 혹시 둘만의 갈등이 있을 때도 아이를 생각하는 요런 것들을 전달하고 인식하는 (참여자 8)
> - 정작 워킹맘들이 많이 와요. 오시는 분들이 맞벌이하시는 분들이더라고요. 바쁘다 보니까 쉬고 싶은데도 찾아서 온다는 걸 보면 바쁘게 살다 보니까 태아에 대한 태교나 이런 것들을 평상시에는 신경을 못 쓰고 있다가 욕구를 그런 필요성 이런 것들을 해소하는 방법을 주말에 이제 이렇게 하는 거죠 (참여자 3)
> - '우리 동네, 우리 시에서도 하면 좋겠어요. 우리 동네는 왜 없어요'라면서 자기 집 근처에도 이런 프로그램이 있으면 좋겠다고 아쉬워하고 감사하다고 하면서 가기도 하였다. (참여자 4)

마. 함께 키워야 할 특수계층 태교

다문화가정, 소외계층의 가정, 미혼 부모의 태아를 위한 숲태교는 그런 쪽에 관심 있는 전문가들이 모여서 그룹화해서 점차 실행하도록 한다. 소외계층의 아이들은 어차피 우리가 공감대를 형성해가면서 키워내야 한다. 그러나 현재 초기 상태에서는 건강한 세대를 우선 중심에 두고 파생 효과가 커질 수 있도록 건강한 일반가정에서 그룹이 형성되고 파급될 수 있는 기회를 많이 제공해주어야 한다.

> - 다문화 임산부가 아빠가 없는 상태에서 왔어요. 아빠는 주말
>   에도 일해야 하니까. 어차피 우리나라에서 살아야 하고 우리
>   가 키워내야 할 애들이니까. (참여자 2)
> - 온전한 상태의 가정이 유지되어야 한다는 기본적인 생각으로
>   지금은 건강한 세대를 우선 중심을 두고 파생 효과가 커질 수
>   있게끔 되어야 하는데 거기에서 그룹이 형성되고 파급될 기
>   회를 많이 제공해주어야 한다는 것에. (참여자 9)

바. 변수 많지만, 주변과 어울리는

임부는 여러모로 변수가 많았다. 아이가 아프다든지 직장, 남편
문제로 못 오기도 했어요. 임부 자신의 여러 문제로 못 오기도 하고
어떤 분은 차가 고장이 나서 못 왔다는 경우도 있었다. 부부프로그
램이지만 처음에 많이 긴장했는데 열린 마음으로 하니까 차츰 편안
해지고 갈 때 되면 다들 친했던 사람들처럼 어울렸다. 혼자 온 임부
는 샘나 하며 다음에는 남편이랑 같이 와야겠다고 하면서 주말로 일
정을 바꿔서 같이 오기도 했다. 그리고 주중에는 배우자 대신에 친
정 엄마와 같이 오기도 했고, 혼자 온 사람들은 그런 분들끼리 짝 돼
서 친해지기도 했다.

> - 처음에 많이 긴장했는데 열린 마음으로 하니까 차츰 편안해
>   졌어요. 처음 보니까 서먹서먹할 수도 있겠지만 다들 약간 호
>   기심은 있으니까. 프로그램도 있지만 사람 간의 그런 것도 있
>   으니까. 사실 두세 번 보면 친근해지잖아요. 갈 때 되면 다들
>   친했던 사람들처럼 하고, 자기네들끼리. (참여자 7)
> - 주중에는 배우자 대신에 어머니나 누구와 같이 오도록 권유해
>   서 친정 엄마와 같이 오기도 했어요. 혼자 온 사람들이 있었는

데 그런 분들끼리 짝 돼서 친해지기도 했어요. 동화 들려주기 등은 혼자 온 엄마끼리 서로 상호작용했는데 그것도 아이한테는 또 다양한 경험이고 친밀감이 생겨서 괜찮았어요. (참여자 4)

7. 임부와의 숲태교법

가. 세심하고 예민하게 안전 위주로

숲태교에서 안전문제는 가장 힘들었다. 임부의 안색을 살피면서 예민하고 세심하게 끊임없이 안전 위주로 활동하였다. 임부들을 위하여 특별하게 매트리스도 두툼하고 큼직한 것으로 준비하고 활동 장소에 30분 전에 가서 미리 매트까지 다 옮겨 놓았다. 신경이 엄청 쓰이지만 절대 긴장하는 티 내지 않았다.

- 큰 돗자리를 준비해서 앉을 수 있는 자리를 만들었어요. 두툼한 매트리스로 바꿨어요. 임신부들이라 편하게 앉고 그래야 해서 일반인들 같으면 그냥 앉아도 되는데 임신부들은 그런 세심한 배려도 하고 (참여자 1)
- 모기장 옮기는 거는 치유사 둘이서 했는데 그게 젤 힘들더라고요. 매트도 옮겨야 해요. 현장에 30분 전에 미리. '오늘 저쪽 라인에서 할 거다' 그러면, 미리 다 옮겨 놓고 (참여자 1)

나. 만삭 임부들도 편안한 방법으로

참여자들은 처음에 기본적으로 몸풀기 운동을 하고 처음에는 조용히 오감을 체험하면서 걸어보는 시간이면 그다음에는 본인이 적당하다고 생각되는 속도대로 걸어보도록 하며 본인의 속도에 맞추도록 하였다. 임부라서 걷는 코스가 제한되고 동적인 활동도 개월

수에 따라 제한되어 방법을 다르게 변형해서 했다. 그리고 임부에게 해가 없는 한방차와 천연방충제를 사용하였다.

- 임신부는 걷는 코스가 제한되죠. 험난한 코스를 걸을 수가 없죠. 코스를 다양하게 잡을 수가 없는 거예요. 어느 코스를 잡을 수가 없고, 다양한 코스를 잡을 수 없고 걷는 시간을 너무 길게 하면 안 되고, 시간은 두 시간이니까 너무 길게 하면 안 되고 임신부니까 산을 넘어서 일루 가긴 힘들잖아요. (참여자 1)
- 동적인 활동을 많이 하지는 못했어요. 숲에서 맨발 걷기가 좋다고 하지만 산모라 못 하고 달리 걷는 방법으로 진행했어요. 임신부들이 배가 부를 때 할 수 있는 운동, 스트레칭의 방법도 다르게 임부들이 중심을 잃을 수 있어서 변형해서 진행했고 과격한 몸풀기는 안 하고 기본 몸풀기 후 걷기를 했어요. (참여자 3)

다. 긴장감 없이 정서적 활동을

숲태교에서는 그 나무에 대한 철학을 뽑아내서 심리적으로 접근했다. 임부들이 임신 중에 산후 우울증이 걸리지 않게 충분히 자존감이 올라가도록 정서적인 쪽으로 대화를 많이 했다. 인성과 감정을 끌어내서 자유롭게 느끼도록 하였다.

- 숲 치유는 그 나무에 대한 철학을 뽑아내서 심리적으로 접근하는 거예요. 임신 중, 산후 우울증이 안 걸리게 충분히 자존감이 올라갈 수 있는 정서적인 쪽으로 많이 대화했어요. (참여자 1)
- 다양하게 접할 수 있게 해주면서 인성이나 감정들을 끌어내서 좀 더 풍부하게 감정을 느낄 수 있도록 자유를 느낄 수 있도록 해 주는 과정이 있는 사람인데요. (참여자 4)

라. 참여 시기, 시간과 적정 인원

참여자들은 숲태교에서 대부분 10명 내외지만 어떤 땐 2쌍을 진행하기도 했다. 그러나 임부여서 안전을 원칙으로 10명 전후로 해서 최대 인원을 12명으로 하였다. 자연이 가장 아름다울 때 상·하반기로 나누어서 격주로 토요일마다 운영하였다. 임부들은 신청하고 나서 참가할 때 시간이 맞아야 하니까 280일 중 3~4회 참여도 어려웠다. 오후에 2시간을 하기로 했는데 시간이 모자라 대부분 초과했다.

> - 안전을 원칙으로 최대 인원을 12명으로 다른 프로그램들과 달라요. 도떼기시장처럼 많으면 임신부가 마음이 불편할 수 있으니까. (참여자 3)
> - 10월 첫째 주부터 11월 둘째 주까지 딱 좋을 때 했어요. 정말 자연이 너무너무 아름다웠어요. 두 시간이 산모들에게 적당한 것 같다. 하루에 진행은 3시간 이상 하기 때문에 만들기 하면서 30분 정도 앉아있는 것은 괜찮더라고요. (참여자 1)
> - 상반기 3개월, 하반기 3개월 두 번을 격주로 토요일마다 운영했어요. (참여자 3)

8. 숲태교에서 무엇을 하나

가. 자연물로 하는 다양한 숲 활동

숲태교에서는 나뭇가지 하나로도 다양하게 생각할 수 있다. 제한없이 자연물은 모두 재료가 되었다. 그래서 참여자들은 숲태교에서는 건강교육을 하기보다는 자연물을 매개로 하는 스토리텔링을 하면서 충분히 스트레스가 해소되도록 하였다. 숲속에서 하는 다양한 숲태교 활동을 하고 명상을 하는 것도 융통성 있게 적용하여 다양하게 그날의 상황에 따라 반응을 살피면서 적용하였다.

- 숲으로 나오면 뭔가 딱 제한적인 거는 없잖아요. 장난감 하나를 주고 아이들이 보게 해서 한정적이게 놀게 하는 거기에서 멈추는 게 아니라 나뭇가지 하나만 던져줘도 다양하게 생각할 수 있는 그러한 것들 (참여자 8)
- 숲태교에서는 의학적 지식 전달보다 본인들에게 이야기를 시켜서 스트레스를 해소하게 자연을 이용한 스토리텔링을 이용해서. (참여자 1)
- 문패 만들기, 향기 주머니, 태명 목걸이, 아기에게 편지 쓰기, 부채 만들기, 나무 관찰하기, 태담하기, 명상하고 아기에게 시를 읽어주기, 체조하고 걷기 등등. (참여자 6)

나. 배우자와 편하게 스킨십 기회

숲태교에서는 배우자와 같이 손을 잡고 하는 활동을 중심으로 스킨십 위주로 하는 숲속 운동프로그램을 진행하였다. 임신 부부들이 제일 좋아하는 숲속 아로마 마사지는 어떤 전문가가 해주는 것보다 좋았다. 현장에서 프로그램 안으로 들어오면 강사가 이끄는 대로 충분히 분출될 수 있도록 하는 활동들을 할 수가 있으니까 편하고 같이 할 수 있는 스킨십을 유도하면 진행자가 의도했던 것보다 더 친밀해졌다.

- 숲속에서 하는 아로마 마사지는 제가 아는 어떤 전문가가 했던 것보다 좋았어요 (참여자 5)
- 남편하고 같이 할 수 있어서 스킨십을 할 수 있게 유도를 하고 스트레칭이라기보다 서로 남편 앞으로 아내를 안게 해서 어깨를 주무른다든지, 포옹이나 스킨십을 하게 한다든지, 그런 위주로 해서 마무리를 하고 소감을 묻는 시간을 하면 정말 만족도가 아주 높아요 (참여자 3)

9. 숲태교에 왜 참여하지?

가. 숲태교를 진행하고 싶은 이유들

참여자들이 숲태교를 진행하고 싶은 이유는 평소에 무심코 지나쳤던 풀 한 포기에 의미를 부여하여 설명하는 숲해설가의 얘기를 듣는 게 새롭게 여겨졌고, 임부들이 다른 사람들보다는 좀 더 마음도 따뜻하게 느껴졌다. 임부들이 아기를 가져서 그런지 이런 프로그램을 열심히 하면서 태아에게 진심을 담아 활동하는 모습이 예쁘고 자식 같은 임부들의 행복한 모습이 좋았다.

> - 임신부들이 자식 같다는 생각도 들고 아기를 가진 임신부들이 다른 사람들보다는 좀 더 마음도 따뜻하고 아기를 가져서 그런지 이게 그런 프로그램을 열심히 하고 아기에게 쓰는 것도 진심을 담아서 정말 진심으로 적고 하는 것이 너무 좋아서 그런 모습들이 예쁘더라고요. (참여자 2)
> - 태어날 아기에 대한 부모 마음이 읽히면서 보통 내 건강을 위해서 오는 거잖아요. 그런데 태교 때문에 오는 거니까. (참여자 3)

나. 스스럼없는 분위기 따라 열심히

참여자들은 임부에게 뭔가를 배운다고 생각하지 말고 편하게 즐기라고 하였다. 공원 숲에서 눕거나 스킨십 하는 것이 어렵지만 프로그램에서는 진행자가 시키는 대로 하다 보면 자연스럽게 배우자와 스킨십을 하게 됐다. 진행자가 의도했던 것보다 부부이기 때문에 스스럼없는 분위기가 만들어지고 말로 다 할 수 없는 친밀함을 표출할 수 있었다.

- *뭔가를 배운다기보다 편하게 즐기시라고 하였다. (참여자 1)*
- *일반 공원이 둘이 숲에 가서 눕거나 젊은 부부들이 마사지를 해주거나 아니면 스킨십을 하거나 이런 것들은 상상도 못 하는데, 프로그램 안으로 들어오면 강사가 이끄는 대로 그런 것들을 할 수가 있어요. 프로그램이니까. 나중에는 정말 분위기가 좋았어요. 그리고 부부만이 할 수 있는 숲에서 어떤 활동을 해보라! 그러면, 뽀뽀도 스스럼없이 하는. (참여자 2)*

다. 숲태교를 선택한 것이 다행

임부들은 임신하면 일단 태교를 한다고 생각하고 거의 다 태교를 하였다. 숲 치유를 하는 입장에서 숲태교를 하게 된 것이 다행이라고 생각했어요. 수학태교, 영어태교는 스트레스가 장난이 아니라고 한다. 예전에는 태교하기 위하여 문화센터에 가서 뭐 만들고, 실내에서 의자에 앉아서 했다. 한때는 삐까번쩍한 것을 만든 결과물에 혹하게 되기도 했었다.

- *임신하면 일단 태교를 한다고 생각하는데 방법을 뭘 택하느냐의 문제죠. 저는 숲치유사다 보니 숲태교를 하게 된 것이 다행이라고 생각해요. (참여자 1)*
- *수학태교, 영어태교 이런 거 있잖아요. 그거 스트레스가 장난이 아니래요. (참여자 3)*
- *제가 경험했었던 태교들은 문화센터에서 뭐 만들고, 실내에서 앉아서 하는 부분들이 많았고 삐까번쩍한 것 만들고 이런 태교에, 저도 젊은 엄마지만 젊은 엄마들이 거기에 혹하게 되기도 해요. 결과물 이런 것들에. (참여자 8)*

라. 숲이 주는 장점이 플러스됨

참여자들은 숲태교에서 태아랑 얼마나 친밀감 형성하는지에 초점을 두었다. 걷는 것도 실내에서는 숲에서처럼 걸을 수 없고, 명상해도 딱딱한 데 앉아서 하는 것보다 매트를 깔고 누워서 나무를 쳐다보면서 하는 것이 플러스가 되었다. 숲태교니까 자연이라는 열린 공간에서 나무 냄새 느끼고 새소리 들으면서 하니까 즐거워하였다.

> - *아이랑 얼마나 친밀감을 형성하는지에 초점을 두었어요. 열린*
>   *공간에서 나무 냄새 느끼고 새소리 들으면서 하니까 배가되*
>   *는 것 같아요. (참여자 2)*
> - *명상해도 딱딱한 데서 쭉 앉아서 하는 것보다 매트를 깔고 누워*
>   *서 나무를 쳐다보면서 하는 것이 플러스가 있으니까. (참여자 6)*
> - *숲태교잖아요? 자연에서 있다는 것이 좋더라고요. 열린 공간*
>   *에서 자연을 접한다는 것. 집에 그냥 있었으면 우울했는데 나*
>   *오니까 너무 좋다. 나와서 이렇게 좋은 사람들 만나고, 좋은*
>   *얘기 들으니까 좋고 산책도 할 수 있고 햇볕도 쬘 수 있고,*
>   *너무 기대되고 즐겁다 그랬어요. (참여자 7)*

10. 숲태교 진행자로 얻는 보람

가. 임부의 행복이 치유사의 힐링

참여자들은 임부들이 좋아하고 행복해하니까 저절로 힐링이 되었다. 누워서 나뭇잎 사이로 나오는 하늘이 너무너무 예뻐서 또 많이 힐링이 되었다. 내 자식 같으니까 우리는 자식을 키워봤으니까 경험상 이상적인 엄마 같은 마음으로 자식에게 하듯이 이야기를 해주게 되었다. 끝나면서 우는 임부도 있었고 아쉬워하면서도 긍정적인 모습을 보는 것이 보람으로 다가왔다.

> - *너무 좋다고 하면서 '일회성이 아니고 많이 하면 좋겠다'라고*
>   *했어요. '둘째 낳으면 또 올게요. 오늘 힐링 많이 되었어요,*

마음이 편해졌어요' 라는 짧은 피드백을 보내왔어요 *(참여자 4)*
- 저도 그걸 하면서 누워서 하늘을 본 적이 있어요 하늘이 나뭇잎 사이로 나오는 하늘이 너무너무 예쁜 거예요 그래서 저도 많이 힐링이 돼서. *(참여자 3)*

나. 만족한 결과로 행복한 치유사

참여자들은 임부들이 나뭇가지 하나로 뭔가 조형물을 만들어내고, 나중에 태아가 만져도 좋은 것들에 대한 새로운 아이디어들을 많이 얻어가면서 신기해하는 모습에 행복했다. 만족한 결과에 대한 여러 가지 피드백이 있고 임부들끼리 친해져서 끝났는데도 단체 카톡방이 유지될 때 행복했다. 아기를 위한 동시를 지어 와서 적으며 결과물을 보고 만족해하고 벌써 끝났냐면서 아쉬워하고 회기를 늘렸으면 좋겠다고 제안을 하는 것을 보면서 행복해졌다.

- 엄마들이 되게 놀라워했었어요 나뭇가지 하나로 뭔가 조형물을 만들어내고, 새로운 아이디어들을 많이 얻어갔어요 나무 하나로 이렇게 조각해서 문패 만들기 같은 것도 만들어낼 수 있고, 이 나무를 나중에 이 아이가 만져도 괜찮고 *(참여자 8)*
- 임부들끼리 친해지잖아요 '우리 12시에 모여서 밥 먹고 시작하자' 그래도 되고, 서로 간식을 싸 와서 나눠 먹기도 하고 저와 엄마들이 준비해 와서 같이 대화하고 차 마실 때 간식 먹고 굉장히 즐거운 분위기였고 좋아했어요 우리는 끝났는데도 우리는 단체 톡방이 있는데 한 사람도 나간 사람이 없어요 *(참여자 1)*

다. 출석률 높고 잘 전달한 느낌

참여자들은 임부들이 빠지지 않고 열심히 나오려고 노력하는 것 볼 때, 신청했다가 취소하는 경우는 거의 없이 대기 인원이 오히려

기다리고 있을 때 진행자로서 좋은 프로그램을 하는 느낌이 들었다. 목적한 것만큼 이루었다고 보기는 어렵겠지만 준비했던 것만큼은 잘 전달한 것 같았다.

- *거의 90% 이상 마음이 변하고 그래서 취소하는 경우는 거의 없어요. 대기 명단도 많이 있었어요. (참여자 3)*
- *만족함의 제일 중요한 요소는 치유사가 행복한 것도 중요하다. 목적하는 것을 다 이루었다고 할 수는 없지만, 기대치만큼은 충분하게 이루었다는 만족함은 있지요. 저희가 준비한 활동에 만족하고 또 유익한 시간이라는 결과를 주셨기 때문에 저희가 준비한 것만큼은 여기 부부들한테 잘 전달을 한 것 같다 싶고요. (참여자 7)*

라. 온 가족의 행복으로 확장

참여자들이 보기에 임부들은 숲에서 조용히 자신에게 집중하고 심호흡하는 것만으로도 진정이 되고 집중하고 명상도 숲에서 새소리 들으면서 맑은 공기 마시면서 하는 것을 좋아하였다. 임부들이 자연물을 만지면서 그 건강한 감각이 태아한테까지 전달된다는 점을 좋아했다. 임부들이 배를 만지면서 얘가 너무 좋아서 움직인다며 만져보라고 한다. 숲에 오기 전에는 힘들어서 배가 딴딴했었는데 임부가 편안해지니까 풀어지고 태아가 이렇게 태동을 활발하게 한다고 하였다. '새로 태어날 생명에 대한 기여를 한 느낌'이 좋고, 임부가 불안감을 줄여서 힐링한 것도 있지만 태아나 아빠의 힐링도 되니까 보람 있었다.

- *엄마들이 배를 만지면서 얘가 너무 좋아하는 것 같아요. 막 움직여요. 만져보세요. '여기 오기 전에는 힘들어서 배가 딴*

딴했었는데 이렇게 풀어지고 아이가 이렇게 움직이며 좋아해
요. 엄마가 편안해지니까 그런가 봐요. '아기가 움직여요. 제
가 좋으니까 이 녀석도 좋은가 봐요.' (참여자 5)
- *새로 태어날 생명에 대한 숲태교 효과가 있었던 것 같아. 그*
  런 것이 '새로 태어날 생명에 대한 기여를 한 느낌'이 좋고,
  어른들은 균형 감각 향상을 위한 것이 좋고 아이들은 엄마에
  대한 불안감을 줄이는 효과도 있지만, 엄마가 불안감을 줄이
  고 엄마에 대한 힐링도 있지만, 아기나 아빠의 힐링도 되니까
  보람도 있다. 숲이 주는 효과가 있으니까. (참여자 6)

11. 진행자가 바라는 것

가. 숲태교의 전문가적 개입

참여자들이 생각하는 숲태교는 태아에 대한 이해를 바탕으로 하
여 태아를 중심으로 진행하는 것으로 전문가의 전문가적 개입이 확
산될 필요가 있다는 것이다. 태아를 위한 동시나 태담집 등의 자료
를 구하기 어려웠고, 진행하고 있는 프로그램에 대한 근거가 될 만
한 자료가 더 많이 발표되고, 개발되었으면 좋겠다. 그러면 보이기
위한 만들기나 동적인 활동만이 아니라 깊이 내면화할 수 있는 정적
인 프로그램도 진행해보고 싶다. 그리고 보완하고 준비해서 겨울까
지도 숲태교를 진행할 수 있기를 바란다.

- *숲 관련해서 자격증을 가지고 오신 분들이 있었지만 사실 숲태*
  교까지 더 깊숙이까지 이해하기는 조금 힘들었어요. 태아에 대
  한 이해가 분명하게 이루어져야 숲태교에 대해서 그 강사분들
  도 진행하시는 게 달라질 수 있지 않을까 싶어요. (참여자 8)
- *전문성 있는 잘 갖추어져 있는 전문가들이 많이 확산돼 줄 수 있*
  는 태교 지도사들이라든가 숲태교 지도사라든가 있어서 치유사
  의 한 부분으로 있는 게 아니라 그 분야에 따로 둘 수 있어서 전

문적인 과정이 있는 게 필요해요 (참여자 1)
- *숲에서 만들기보다 가만히 누워서 바라보기, 쉬기, 명상을 진
행하고 싶어요 (참여자 2)*
- *날씨가 좋지 않으면 거기에 관한 준비를 하면 되거든요. 한겨
울이라도 보완하면 문제 될 건 없어요. 시간을 짧게 한다든가,
어, 그래서 햇빛이 아주 좋은 시간대에 한다거나 아니면 무릎
담요 같은 거를 준비를 해주신다거나. 그렇다고 겨울에 태교
안 하나요? 겨울 숲이 나름대로 너무 멋져요. 마음먹은 사람
들은 그만큼 준비하고 주최 측은 배려하면. (참여자 2)*

나. 많은 임신 부부에게 혜택을

참여자들은 이번에 홍보가 부족하고 체계적으로 준비하지 못했던
부분 때문에 가까운 지역 분들이 참여하기보다는 먼 지역의 임부들
이 참석하게 되어 안타까웠다. 이번에 숲태교 진행한 것을 거울삼아
서 다른 도시의 임부들도 혜택을 많이 받으면 좋겠다. 각종 홍보물
들을 갖고 찾아올 수 있는 욕구가 있다는 것을 알았으니 좀 더 홍보
를 적극적으로 해서 많은 임부 가족이 혜택을 받기 바란다. 이제부
터 해마다 숲태교 프로그램이 있다는 것을 알면 신청하고 참여하는
사람이 훨씬 많아지길 기대한다.

- *이번에 모범이 되어서 다른 도시의 임신부들도 혜택을 많이
받으면 좋겠어요. 숲태교의 혜택을 다른 사람들이 많이 받았
으면 좋겠다는 생각에서 여기 나왔어요. (참여자 1)*
- *해마다 이런 프로그램이 있는 것을 알면 훨씬 신청하고 참여
하는 사람이 많겠죠 (참여자 3)*

다. 고정 멤버 대상의 심리적 접근

참여자 1은 심리적인 면에서 접근하는 시간이 부족한 게 아쉬움

으로 남았다. 계속하는 멤버가 아니어서 아픔을 얘기할 수 있을 만한 그런 분위기는 안 됐었다. 임신 20주부터 나오면 8회기는 충분히 할 수 있는데 10회기 정도 고정 멤버가 돼서 갈 경우에 아픈 얘기가 나와서 자연스럽게 스트레스가 해소되면서 치유가 이루어질 것이다. 앞으로 이게 활성화돼서 신청자가 많으면 한 임부가 고정된 멤버들과 3~4주 이상을 함께하다가 종결을 짓는 과정을 진행하고 싶다.

- 심리적인 면에서 접근하는 시간이 좀 부족했어요. 아픔을 얘기할 수 있을 만한 그런 분위기는 안 됐어요. 공감해주면 스스로 자기 답을 찾지만 열린 집단이라 그런 것이 한계점이었네요. (참여자 1)
- 20주부터 32주까지니까 충분히 20주부터 나오기 시작하면 8회기 정도는 충분히 할 수 있거든요. 10회기 정도 그 멤버가 돼서 갈 경우에 아픈 얘기가 나와서 자연스럽게 스트레스가 해소되면서 치유가 되는 건데. 앞으로 이게 활성화돼서 신청자가 많으면 한 사람이 3주면 3주, 4주면 4주 이렇게 종결을 지어야겠지요. (참여자 1)

라. 대상 범위의 유연한 확장

참여자 1은 예비부모, 가족 대상으로 숲태교의 범위가 확장됐으면 좋겠다고 생각하였다. 대학생들의 숲태교도 권장하고 싶고, 직장 내에서도 기회를 많이 만들어주길 바랐다. 참여자 9는 숲태교가 단순히 태아만을 대상으로 하는 차원을 넘어 사전에 충분히 계획하고 임신할 수 있는 환경을 조성하고 태어난 아이의 미래 환경까지 고려하는 단계로 확장될 필요성을 느끼게 되었다.

- 예비부모를 위한 숲태교 프로그램이 있으면 좋겠고 결혼을 앞둔 젊은이들 대상으로 숲태교가 확장됐으면 하는 생각이에요. 태교할 기회를 직장 내에서도 많이 가져주고 시간을 배려해 주고 (참여자 1)
- 임부를 포함한 가족이 모여서 즐겁게 웃고 놀고, 자연 속에서 자연스러운 스킨십을 통해서 친밀도를 높이고 그러면 임부가 심리적인 안정을 취하는 데 도움이 많이 되고 중요할 것 같아요 (참여자 1)
- 단편적으로 임신해서 출산하는 그 과정까지만 봐서는 안 돼요. 충분한 계획 임신에서부터 그렇게 태어난 아이들의 향후 신념까지를 어떻게 연결을 해주어야지 되나 고민하고 시작한 거지요. (참여자 9)

12. 숲태교 하면 어떻게 될까?

가. 행복한 부모 행복한 아이

참여자들은 숲태교를 진행하면서 임신 부모가 행복해하는 모습에 저 부모의 아이는 분명히 행복하게 자랄 것이라는 기대를 하게 되었다. 그러면서 숲태교의 결과물들을 보면서 미래에 아이와 부모가 지금의 마음을 잊지 않길 바라게 되었다.

- 부부들의 행복해하는 모습을 보면서 저 부모의 아이로 태어난 아이는 분명히 행복하게 자랄 것이라는 생각이 들어요. 임부들은 태명 같은 거 이야기하고 그러면서 너무 사랑스러운 마음으로 이야기하잖아요. '이렇게 해서 이런 꿈을 꿔서 이런 태명을 짓게 됐고요' 하는데. (참여자 3)
- 부채 등의 결과물을 보면서 그때 참석했을 때의 마음도 생각할 수 있고 사진도 보고 그 글귀도 보면서 그 마음 잊지 않고 아이도 봐주길. (참여자 6)

나. 결과로 확인된 숲의 숲태교 효과

참여자 7은 뇌파검사의 결과에서 항스트레스 지수가 미미하지만, 긍정적으로 변화한 것에 대해 다행으로 생각하며 숲태교의 효과를 확신하는 계기가 되었다. 숲속 활동이 임부들의 정서적 변화가 생긴다는 것을 알게 되었다. 따라서 태아와 부모와의 친밀감 증대를 위한 프로그램을 하다 보면 자연히 우울감은 줄어드는 효과가 있을 것으로 생각하였다.

> - 전체적으로는 처음과 끝의 데이터를 비교했어요. 항스트레스 지수가 논문에 적합할 정도의 의미 있는 변화는 아니었지만 좋은 쪽으로 변화가 조금 있는 것으로 나타났어요. 기대는 했지만, 기대에 부응하리라는 생각은 못 했는데 그래도 이만큼이라도 변했다는 것이 천만다행이기도 하고, 숲태교 효과가 있다는 것은 뇌파의 결과를 통해서. (참여자 7)
> - 아기와 부모와의 친밀감 증대를 위한 프로그램을 하다 보면 자연히 우울감은 줄어들 것이다. (참여자 1)

다. 인성 발달과 출산장려에 기여

참여자 6은 본인의 진행 과정에서부터 인성에 미치는 영향을 기대하는 마음으로 진행하였다. 태교를 잘 해서 아이들이 안정된 생활을 하면서 바르게 큰다면 우리가 좀 희망이 있지 않을까 생각해보았다. 태아가 태담 들으면서 자라니까 성장에도 긍정적일 것이다. 첫째 아이에 대한 그런 긍정감이 둘째 아이를 출산할 때도 긍정적으로 작용할 수 있지 않을까 기대한다. 국가와 지역사회에서 숲태교를 장려하면 자식을 키우면서 행복감을 느끼게 되어, 하나 더 낳을 것이라는 기대를 해본다. 둘째의 출산을 장려함.

- 너무 비약하는 것 같지만 제가 시작이 되겠다는 마음을 제가 갖고 있으면 결과야 어떻든 제가 그렇게 좋다고 생각하면 그분들도 다를 거예요. 기본적으로는 정서적으로 아이한테 도움이 되면 좋겠다는 생각이 들어요. *(참여자 6)*
- 아이가 배 속에서부터 태담 듣고 그러면서 자라니까 성장에도 굉장히 긍정적일 거예요. 첫째 아이에 대한 그런 긍정감이 둘째 아이를 출산할 때도 긍정적으로 작용할 수 있지 않을까. 태교를 받으면서 동생 출산에 대한 생각의 변화는 많이 있겠지요. *(참여자 1)*

라. 숲태교 효과에 긍정적 인정

참여자들은 숲태교를 통해서 숲이 긍정적 효과를 제공해준다는 것을 알게 되었다. 임신 부부들은 숲태교 하면서 만들기 한 것을 미래에도 아이가 긍정적으로 봐주길 바라는 긍정적인 마음으로 정성들여 만들었다. 숲태교 하며 태어난 아이는 성격이 좋고 사회성도 좋다는 연구결과도 있고, 참여자도 그렇게 생각하며 기대한다.

- '숲에서 이루어지는 산림의 효과, 숲이 우리에게 주는 긍정적 효과가 지대하다'라고 하는 산림의 홍보 효과를 함께 제공해 주는 거지. *(참여자 7)*
- 만들기 한 것을 미래에도 아이가 긍정적으로 봐주길 바라는 마음으로 *(참여자 3)*
- 숲태교를 하고 나면서 태담도 듣고 그러면서 태어난 아이들은 훨씬 사회성도 좋고, 아이들이 유난히 잠 안 자고 그런 것도 없다고 하더라고요. 성격이 좋다고 나와 있는 것도 있고 나도 그렇게 생각하고 있어요. *(참여자 6)*

제4장 숲태교 진행 경험에 대한 일반적 구조진술

임신 부부가 같이 활동하면서 친밀도가 높아지고 돈독해지는 모습을 보았다. 부부가 한 몸이 되어 배 속에 있는 보이지 않는 하나의 생명을 돌보고 있었다. 아직 세상 밖으로 나오지 않은 태아와 부모를 연결해주는 과정에서 숲태교는 태아랑 편하게 숲 소풍 왔다고 생각하고 즐기면서 서로의 마음을 열게 하는 숲이 주는 선물과 같았다. 임부가 느끼는 감정과 생각이 태아에게 온전히 영향이 미치는 것이므로 안전한 상태를 기본으로 하면서 숲이라는 좋은 환경에서 자연을 느낄 수 있도록 마음을 풀어내는 것이었다. 부부가 소통하고 갈등을 풀어버리는 과정에서 사람 살아가는 데 숲이 어떻게 깨달음을 주는지 알아가면서 태아와 인격적 관계 형성을 하고 정신적인 부모가 되어가는 것이었다. 임신 부부가 행복해하고 파란 하늘을 보며 자연적으로 치유되는 자체가 태교였다. 더구나 이런 과정을 국가와 사회가 무료로 제공하는 것은 임신가정이 화합할 기회를 조성하는 사회적 배려이고 국가와 사회가 동참하고 있고 함께 감당하려고 한다는 것을 보여주는 것이다. 그런 의미에서 숲태교는 융합학문이고 멀티플이다.

숲태교가 잘 이루어지려면 숲, 참여하는 임신 부부, 숲치유사, 지원해주는 주최 측 모두가 중요한 4요소다. 기관도 중요하지만 신뢰하고 오는 참가 부부가 없으면 사실 숲태교 프로그램 자체가 필요없다. 숲태교는 숲에서 태교할 때 극대화된다는 관점을 갖고 진행하게 된다. 인간의 전 생애주기에서 태교 시기는 결정적 시기라고 할 수 있다. 따라서 계획 임신을 하고, 태어난 아이의 미래를 어떻게 온전하게 이끌어 줄 것인가에 관한 고민을 하면서 태교를 한 것이다. 임부가 과정 중심으로 자연을 즐기면서 행복한 마음이 될 수 있도록 고려해야 한다. 숲태교 진행자는 확고한 철학과 직업윤리를 바탕으로 하여 태아를 중심으로 하는 존중과 배려로 화목한 가정을 이루도록 해야 한다고 생각하였다.

숲에 관한 관심을 두고 공부를 하게 되면서 자격을 갖추게 되었고 그런 것이 계기가 되어 숲태교에 참여하게 되었다. 숲태교 프로그램에 함께 참여한 분들도 숲에 대한 이해가 있는 분들로 구성되어 있었다. 숲태교 전체 중에서 맡은 역할이 달랐지만 자기가 가진 이전의 자격을 기반으로 하여 충실하게 수행하였다. 숲 관련 자격을 갖추고 다양한 경력을 쌓았지만, 치유하는 것이기 때문에 기존의 전공에 산림학, 보건학, 심리학, 치료학 등의 공부를 부단히 하였다. 숲태교 진행 요청을 받고는 인터넷 자료를 검색하며 전반적인 프로그램을 구상해보기도 하면서 즐거운 마음으로 참여했다.

숲태교 진행자는 아직 직업이라는 면에서 선호하는 것은 아니다. 임금이 충족되지 않고 불확실한 계약직이고 일용직이라는 현실을 생각하게 된다. 그러다 보니 은퇴 후의 직업으로 생각하거나 숲을 정말 좋아하는 분들이 하는 것으로 생각하였다. 그러나 생각하기에 따라서는 프리랜서 전문직으로의 자부심을 품게 하는 요소가 충분하였다. 보이지 않는 태아를 위한 것이기 때문에 자신을 롤 모델로 할 수 있는 자질을 갖추고 임부들과의 신뢰를 구축하는 전문가로서의 자부심을 느끼며 만족하였다. 주최 측은 전폭적으로 지지해주고 지원해주지만 이제 처음 실행하는 것이어서 숲태교에 대한 인식이 부족했고 기획단계에서부터 진행자와 의논하거나 진행 과정의 공유가 원활하게 이루어지지 못한 점이 아쉬운 부분으로 남았다.

　도시숲은 숲태교 진행자 입장에서 안심이 되는 곳이다. 도시숲은 숲이라는 차원에서는 열악하지만, 숲이 있고 나무가 있으니 쾌적하고 즐겁게 지낼 수 있다. 치유의 숲은 각오하고 가는 것이고 쉽게 접근하기에는 도시숲이 좋다. 임부한테 안정적 환경을 제공할 수 있는 곳이면 그곳이 태교하기에 적합한 곳이라고 생각한다. 숲태교가 나무 있는 곳만을 생각한 것이 아니라 요즘 임부의 행동반경과 활동에 적합하고 접근성, 안정성, 응급상황에 대한 대처능력 등을 고려하여 도시숲을 선택한 것 같다. 소음과 먼지, 모기나 벌, 해충, 진드기 같은 것 때문에 걱정되고 시설정비가 아직 덜 되었고, 비품저장소가 없어 만들기 등에 한계가 있었다. 그런데도 임부에게 최적의 숲태교 장소로 도시숲의 장점들이 많이 있었다. 임부들에 대한 배려를 많이 한 위치 선정이다.

　숲태교에 오는 사람들은 미리 휴가를 내기도 하면서 본인이 신청해서 오는 것이기 때문에 하나라도 더 귀 기울여 듣고 집중하는 눈빛이 남달랐다. 오신 분들이 적극적인 분들이었다. 태명은 한 명 빼고 다 있었는데 태명만 듣고 설명을 듣지 않으면 의미를 알 수 없을 정도로 기상천외한 것들이었다. 태아 일기를 쓰면서 거기에 태교 장면을 붙일 사진이 필요하다면서 요청하기도 했다. 임부는 편안한 마음을 아기에게 전달해주는 것만으로도 좋아했다. 아기를 가진 임부로서 이런 프로그램을 임부가 너무 좋아하고 즐거워한다는 것이 모두 태교가 된다는 면에서 더욱 좋아했다. 태아를 생각하면 열심히 잘해야겠다고 생각하고 조심했다. 요즘 추세는 태교를 아빠랑 같이 한다. 아빠들은 바쁘지만 만들기를 하면서 즐겁고 적극적인 자세로 하였다. 토요일이지만 아내를 생각해서 나왔는데 숲에 누워서 명상할 때는 완전히 릴랙스 되어 잠이 들기도 하고 푹 쉬어가는 느낌이 들었다. 부부 가운데 태아를 바라보면서 태어날 아기에 대한 기대로 눈망울이 초롱초롱해서 부부끼리 재미있게 활동을 하였다. 다문화가정 등의 특수계층 숲태교는 우리와 살아야 하고 우리가 키워내야 한다는 관점으로 준비하지만 우선 자발적 참여가 가능한 건강한 가정을 우선 그룹화하면서 확산시키는 데 주력할 생각이었다. 임부는 여러 가지로 변수가 많았다. 부부프로그램에서는 부부 중심이지만 주변과 잘 어울리면서 활동하였고, 임부 혼자 오게 될 때는 서로 상대가 되어주기도 하면서 새로운 경험을 하였다.

숲태교에서는 안전문제를 항상 신경 써야 했다. 일반인들보다 더 많이 배려하고, 준비하면서도 혹시 신경 쓰는 게 부담되지 않도록 하려고 티 내지 않았다. 임부에게는 야외에 있는 숲이 제약조건이 많았기 때문에 미리 주의를 주고 걷도록 하였으며, 동적인 활동을 할 때는 만삭의 임부도 균형 감각이 유지되는 범위 내에서 편안한 방법으로 변형해서 진행하였다. 숲에 있는 모기와 해충을 퇴치하는 방법도 인체에 해가 없도록 유의하였다. 정서적으로 충분히 공감하려고 하였으며 임신을 한 것이 얼마나 자랑스러운 일인지 이야기하면서 자존감이 향상되도록 애썼다. 활동은 일반적으로 10명 내외로 하였고, 임부들은 3∼4회를 꾸준히 나오는 것이 힘들어서 열린 집단으로 진행하였다. 시기적으로는 상・하반기로 나누어서 하기도 하고, 9월 이후에 집중적으로 실시하기도 하였다. 보통 2시간을 예정하였으나 시간을 초과하면서 활동한 적이 많았다.

숲으로 나오면 어떤 재료를 가지고 숲을 이용해서 숲을 어떻게 느낄 수 있는지 그런 것들을 생각해서 프로그램을 구성했다. 숲태교에서는 건강교육보다 자연을 매체로 하여 스트레스를 해소하는 스토리텔링을 하였다. 자연물로 하는 다양한 숲태교 활동을 하는 가운데 태아와 함께할 숲 놀이도 하면서 융통성 있게 숲속에서 할 수 있는 다양한 활동을 적용하였다. 부부프로그램이기 때문에 숲속 운동도 배우자와 자연스럽게 스킨십을 하도록 하고, 숲속 아로마 마사지도 하면서 편하게 배우자와 스킨십할 기회를 만들어주었다.

기회가 된다면 숲태교를 다시 해보고 싶었다. 그 이유는 숲해설가의 얘기를 듣는 게 새로웠고, 마음이 따뜻하게 느껴지는 임부들이 아기를 생각하면서 태아에게 진심을 담아 활동하는 정성스러운 모습이 좋았다. 그리고 자식 같은 임부의 모습이 예쁘면서 좋았고, 임신부부들의 행복한 모습이 예뻤기 때문이다. 스스럼없는 분위기 따라 열심히 하지만 뭔가를 배우기보다는 편히 쉬면서 진행자가 이끄는 대로 하면서 자연스럽게 분출될 수 있도록 하였다. 임신하면 일단 태교를 하지만 일반적인 유혹에 넘어가지 않고 숲태교를 선택하게 된 것이 다행이었다. 열린 공간에서 숲과 접하면서 태아랑 친밀감을 형성하고 누워서 나무를 쳐다볼 수 있는 것이 이점이고 장점이 되었다.

숲태교를 진행하면서 임부의 행복이 곧 진행자의 힐링으로 느껴졌다. 내가 행복해지는 것보다는 배가 나온 임부의 모습에서 자식 같다는 친정 엄마의 마음이 되어 하나라도 더 챙겨주고 싶었다. 자연물로 만들 수 있는 여러 가지의 아이디어를 많이 얻어가면서 흡족해하는 피드백을 보내는 임부들의 반응에 절로 행복해졌다. 어떻게든지 빠지지 않고 나오려고 노력하는 것을 보고, 준비한 것은 잘 전달한 것 같은 느낌이 들었다. 임부가 숲에 들어오니 태아의 움직임도 활발해지는 것이 임부의 안정이 가족의 힐링으로 확장되도록 기여하고 있었다는 생각에 보람을 느끼게 되었다.

심도 있게 숲태교를 진행하기 위하여 전문적인 숲태교 교육을 받은 숲태교 전문가가 진행하기를 바랐다. 현재의 경험을 바탕으로 홍보를 잘해서 가까운 지역 임부부터 혜택을 받고, 점차 많은 임신 부부들에게 확산되기를 원하였다. 이번에는 심리적인 면에서 접근하는 시간이 부족해서 아픔을 얘기할 수 있을 만한 그런 분위기는 안 됐다. 고정 멤버로 8회기 이상을 연속해서 나오면서 심리적인 접근을 할 수 있기를 희망했다. 무엇보다 숲태교의 대상 범위를 유연하게 확장하여 사전태교부터 충실히 계획해서 건강한 아기를 출산하도록 하고 싶었다.

행복해하는 임신 부부의 모습을 보면서 배 속에서부터 편안하고 행복한 상태로 태어난 아기와 행복한 가족의 미래를 기대하였다. 임부의 정서 상태는 뇌파검사를 통하여 미미한 변화가 있다는 것을 알게 되어 숲태교의 효과를 한층 더 기대하게 되었다. 숲태교를 진행하면서 나부터 하나하나의 프로그램을 통하여 인성 발달에 도움이 되길 기대하는 마음을 담았다. 임신 부부가 행복한 마음으로 태아와 함께 이루는 가정이 매우 긍정적인 반응을 보였던 점으로 미루어 짐작한다면 숲태교가 둘째 아이의 출산에는 분명히 기여할 것으로 기대하였다. 태아를 생각하면서 태명 이름표 자체를 내 아이인 양 소중하게 여기는 마음으로 정성 들여 만들었던 결과물을 나중에도 그 아이가 긍정적으로 봐주길 기대하였다. 숲태교 하며 태어난 아이는 성격이 좋고 사회성도 좋다는 점을 생각하며 미래의 건강한 아이를 기대하였다.

제5장 숲태교 진행 경험을 통한 숲태교의 의미와 본질에 관한 모형

본 연구에서 도출한 숲태교 프로그램 진행 경험을 통한 숲태교의 의미와 본질은 「임신 가족을 돈독하게 만들어주는 태아와의 숲 소풍에서 미래의 건강한 아이를 기대하는 행복한 숲 선물」이다. 핵심 내용을 중심으로 모형을 구성해보면 숲태교의 의미와 철학, 숲태교를 이루는 4요소, 숲태교 진행 과정에서 경험하는 것, 숲태교를 진행하며 바라보는 발전적 미래라는 네 영역으로 나누어볼 수 있다. 각 부분은 숲태교 진행의 전반에 나타나는 인과적 관계에 따라 모형의 중앙을 기준으로 상부와 하부로 나누어지면서 방향을 잡아가는 화살표로 형상화하였다.

첫째, 숲태교의 의미와 철학에서 숲태교의 철학은 태아에 관한 철학과 숲태교 진행자로서의 직업적 윤리로 나누어 생각할 수 있다. 태아에 관해서는 '전 생애주기에서 결정적 시기에 대한 진정성과 태아 중심의 존중과 배려로 화목해지는 가정'을 이야기하고 있고, 태교 진행자로서의 직업적 윤리는 '확고한 철학과 직업윤리를 갖고 숲태교 4요소의 조화를 숲에서 극대화하면서 임신 부부가 편하게 즐기다가 돌아가도록 하는 것'이다.

둘째, 숲태교를 이루는 4요소는 숲태교가 진행되기 위해서 필수적으로 갖추어져야 하는 요소를 말한다. 도시숲, 임부(임신부부), 진행자, 주최기관이다. 주최 측은 진행자의 일부로 포함될 수도 있는데 본 연구에서는 국가와 지자체에서 무료로 숲태교를 진행하는 기관으로 사실 주최기관이 없다면 숲태교가 이루어지지 않는다는 점에서 가장 중요한 기본 역할을 하고 있다고 하겠다.

셋째, 숲태교 진행 과정에서 경험하는 것들이다. 숲태교 진행이유, 숲태교를 진행하는 보람, 숲태교 진행방법, 숲태교를 위한 노력, 숲태교 활동으로 나누어볼 수 있다.

넷째, 숲태교를 진행하며 보게 된 발전적 미래에서는 숲태교를 진행하면서 생각하게 되는 바람과 기대를 통하여 앞으로 숲태교의 수준을 높이고 확장하기 위하여 생각할 방안들을 모색해볼 수 있고, 숲태교에 대한 기대감을 생각하면서 숲태교의 방향성을 제시하는 것이라고 할 수 있다.

[그림 1]은 숲태교 진행 경험을 통한 숲태교의 의미와 본질을 '숲태교의 4요소'를 중심으로 '숲태교 진행자의 바람'과 '숲태교에 대한 기대' 그리고 '숲태교의 철학'이라는 영역으로 확장하며 '태아와 하나 되는 행복한 숲소풍'이라는 숲태교의 본질을 형상화한 모형을 그림으로 완성한 것이다.

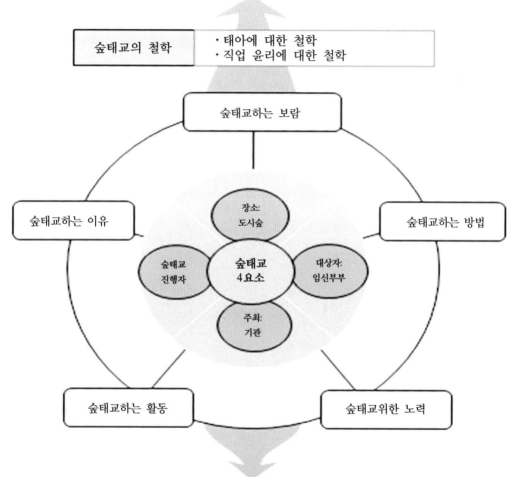

[그림 1] 숲태교 진행 경험을 통한 숲태교의 의미와 본질에 관한 모형

V

논의

본 연구는 숲태교진행자의 진행 경험을 통한 숲태교의 의미와 본질을 찾아보기 위하여 Giorgi의 현상학적 연구방법을 적용하여 숲태교 진행 경험의 의미와 본질을 이해하는 데 그 목적이 있다. 연구참여자들의 숲태교 진행 경험에 대한 진술을 체계적으로 살펴보고, 이를 통합하여 일반구조를 도출하였다. 숲태교 진행 경험을 통한 숲태교의 의미와 본질을 이루는 구조는 '숲태교의 의미와 철학', '숲태교가 이루어지는 4요소', '숲태교의 실제', '숲태교를 진행하며 보게 된 발전적 미래'이다. 본 장에서는 연구결과를 통해 만들어진 구조를 바탕으로 숲태교 진행 경험을 통한 숲태교의 의미와 본질에 대한 논의를 해보고자 한다.

제1장 숲태교의 의미와 철학

숲태교 진행 경험을 통한 숲태교 진행 경험의 의미와 본질을 연구하면서 가장 먼저 살펴보아야 할 것은 숲태교 진행자가 숲태교 진행 경험의 의미를 무엇이라고 생각하면서 진행하였는가의 문제와 함께 숲태교 진행 경험을 통한 철학은 무엇이었는지를 밝히는 것이다.

숲태교에 참가하고 있는 임부(임신 부부)들은 배우자 지지가 높을수록 태교실천 정도가 높았다는 안기주(2000)의 연구에서와 같이 부부가 함께하면서 친밀하고 돈독하게 태아와 만나는 시간을 가졌다는 것은 산림치유 프로그램에 참여 희망 동반자로는 가족을 가장 선호하는 것으로 조사한 김윤희(2015)의 연구와 일맥상통한다고 볼 수 있다. 그러나 임신 부부프로그램에 혼자 온다거나 친정 엄마와 같이 오게 될 경우는 샘나서 다음 참석할 때 남편과 함께 오는 모습을 보인 경우도 있었다. 임부만을 위한 프로그램일 때는 서로 임부라는 동질집단의 특성이 더 공감대를 형성하여 서로 짝이 되기도 하고 미리 만나면서 *끈끈한 우정을* 쌓아가기도 했다. 그룹의 동질성은 참가자들이 프로그램에 참여할지를 결정하는 중요한 요소라는 김윤희(2015)의 연구에서 나타난 것과 같았다. 그리고 임신 소식을 들은 아버지들은 처음에는 혼란 속에 있지만, 곧 아빠가 된다는 기쁨과 감사한 마음을 갖고 있었고, 아버지들도 나름대로 태교를 하고 있으며 아버지의 태교가 태아에게 영향을 끼치고 있다는 믿음을 갖고 있다는 김영두(2011)의 연구에서와 같이 아버지 태교도 함께 이루어진 것이다. 임부의 스트레스는 부부친밀도 및 가족 지지와는 부적 상관관계를 보인다는 김미옥·유미(2014)의 연구결과와 같이 숲태교 참가 부부들은 한 몸으로 한 생명을 돌본다는 정신적 부모의 자세로 태아랑 편하게 소풍 왔다고 생각하며 숲이라는 좋은 환경을 즐기고 느끼는 것이었다.

참여자들의 진술에 드러난 숲태교는 임부(임신 부부)가 숲으로 나와서 눈으로 즐기고 마음이 열리게 되어 자연 가운데 느끼면서 부부 활동을 하는 것이다. 서로 소통하면서 갈등을 해소하는 가운데 자연이 주는 깨달음을 알게 되었다. 더구나 지역사회에서 무료로 프로그램을 진행해주어 부담 없이 받게 되는 숲 선물이었다. 임신 부부가 화목하여 임신가정이 화합할 기회를 더 넓혀주는 사회적 배려이고, 국가·사회가 임신가정에 관한 관심을 표현하는 하나의 방법이고, 국가·사회가 동참하고 있고 감당하고 있다는 것을 보여주는 것이었다.

숲태교를 진행하면서 숲, 임부(임신 부부), 진행자, 주최 측의 4요소 모두가 매우 중요한 부분이라는 것을 알게 되었다. 4요소가 균형 잡힌 조화를 이루어야 비로소 숲태교가 극대화된다는 생각을 하게 되었다. 먼저 임부가 어떤 결과물을 완성해서 만들어내야 한다고 생각하지 않고 과정 중심으로 그저 자연을 편안하게 즐기도록 하는 마음이 들도록 프로그램에서 임부의 현재 상태를 섬세하게 고려하는 진행자의 철학과 태도가 중요하게 여겨졌다. 결정적 시기를 인간의 생명이 잉태되는 순간부터라고 본다면 계획 임신으로 시작해서 아직 세상 밖으로 보이지 않는 태내 시기에 있는 태아에 관한 관심과 보호가 결정적으로 중요하다고 하겠다. 물론 진행자의 눈에도 보이지 않거나 임부의 배부른 모습만 보일 수 있다. 그런데 이 태아에 대하여 태어난 아이의 향후 연결방법까지 고민하고 온전한 상태까지 접근시키도록 노력하는 것이야말로 진정한 태교라는 생각을 하고 있다. 그러기 위해서는 숲태교를 위한 확고한 철학과 직업윤리를 가져야 하고 숲태교가 추구하는 목적을 인식한 다음에 프로그램을 진행해야 한다. 그래서 숲태교에 오는 임신 부부들이 숲태교의 목적을 충분히 이해하고 숲태교가 추구하는 방향에 대하여 공감하면서 참가할 수 있도록 하는 사전준비가 필요하다. 그냥 일회성으로 해본다는 마음으로 참가하거나 진행할 수는 없다. 태아에게는 돌아올 수 없는 시간이고 한 번의 기회를 무의미하게 보낸 것에 대하여 책임지는 자세가 필요한 것이다. 진행자나 참가자 모두 어떤 마인드, 어디에 포커스를 두느냐도 중요하다. 그래서 임부(임신 부부)가 이번에 와서 활동하고 나서는 최대로 행복한 마음으로 돌아가길 바라게 되었다. 그러면서 편안한 마음으로 건강한 아이를 키우려면 부부가 합심하여 '어떻게 태아에게 더 잘해주지? 태아에게 무엇을 줄까?'에 대해 상의한다. 태아와 이루는 가정은 태아의 인격도 존중하고 서로 배려하며 화목하게 살아가야 한다는 생각을 하고 있다.

제2장 숲태교가 이루어지는 4요소

숲태교가 이루어지기 위해서는 진행자, 숲(도시숲, 공원), 대상자(임부, 임신 부부), 주최 측(기관)의 4요소가 있어야 한다.

숲태교 진행자가 되기 전에 숲해설가, 산림치유사, 걷기지도사, 뇌파검사자, 유아 교사, 태교 전문가로 활동했었다. 치유하는 분야이기 때문에 더구나 성인을 대상으로 해야 한다는 중압감에 자격증을 취득하고도 부족하다고 여겨지는 분야들을 공부해나갔다. 태교에 관한 논문을 발표한 전공은 교육학, 간호학, 의학, 한의학, 음악, 미술, 예술 디자인학, 산림학, 조경학, 유아교육학, 사회복지학, 체육학, 환경보건학, 심리학 등의 학문 분야에서 연구된 자료들이 있었다. 태교하는 방법도 다양하고 접근과정도 다양하다는 것을 짐작할 수 있게 하는 부분이다. 본 연구참여자들의 태교 진행방식도 모두 달랐다. 그리고 주최 측마다 숲태교를 위한 방향이나 허용하는 수준도 모두 달랐다.

본 연구에서는 숲태교를 진행하는 전문가를 통칭하여 '숲치유사'

혹은 '진행자'라고 하였다. 아직 숲태교를 진행하는 전문가가 어떤 사람이라는 것이 명확하게 규정되지 않은 상태여서 전공을 한 분야에 따라 ○○태교, △△태교, ★★태교라고 하면서 다양한 태교가 진행되고 있다. 임부들은 일단 임신을 하면 태교를 하지 않는 사람은 없다고 한다. 그런데 중요한 것은 어떤 태교를 누구와 어떻게 하고 있느냐 하는 점에 주목할 필요가 있다. 숲에서 하는 음악태교, 숲에서 하는 미술태교, 숲에서 하는 춤태교 등을 숲태교라고 할 수 있는 것인지 생각해볼 일이다. 물론 숲에서 숲 인자를 활용하여 진행하는 태교라고 한다면 더 이상 논할 필요가 없겠다. 그런 점에서 본 연구의 장소인 도시숲은 과연 숲태교에 적합한 녹음, 경사도, 빛, 경관, 소리, 음이온, 향기 등의 정도가 적합한지를 고려해봐야 한다. 현재는 임부들이 제대로 편안하게 찾기엔 정비가 미흡하고 준비가 덜 되어있었다. 물론 긍정적인 요소들도 많이 있다. 요즘 임부의 행동반경과 활동에 적합한 숲의 길이와 완경사, 공원이라 쾌적하고, 아늑하고, 가까워서 접근성이 좋아 부담 없이 올 수 있었다. 화장실이 가깝고 도로와 가까이 주차장이 있고 응급상황에 바로 대처가 가능하다는 점 등 여러 가지가 진행자 입장에서는 편안했다. 그러나 진행자가 임부의 입장에서 보면 소음문제는 어쩔 수 없다고 하더라도 모기나 벌, 해충, 진드기 같은 것 때문에 걱정되고, 의자가 없어 임부 입장에서는 불편하다는 점 등이 숲 차원에서는 열악하게 여겨졌다.

숲태교에 참가하려고 오는 임신 부부들은 적극적이고 태교 때문에 주말에 멀리서도 참여하니 눈빛부터 초롱초롱했다. 요즘 태교는 아빠들이 실행하며 태교에 적극적 태도를 보였다. 이는 강수경·정미라(2013)의 연구에서 보고된 것과 같이 부부간 태교실천 정도는 배우자의 태교실천이 임부의 태교실천보다 높게 나타났다는 결과와 일치하고 있었다. 그리고 집에서 아빠 역할을 할 만한 꿀팁을 주거나 나중에 아이가 태어나면 함께할 수 있는 것들에 관하여 이야기하면 아주 좋아했다. 이런 반응은 김영두(2011)의 연구에서 아빠가 되기 위해서 임신으로 힘들어하는 아내에게 해줄 수 있는 일을 스스로 찾아서 하였으며 아내에 비하여 짧은 시간이지만 아버지들도 나름대로 태교를 하고 있으며 아버지의 태교가 태아에게 영향을 끼치고 있다는 믿음을 가지고 있었다는 보고와 일치하고 있다. 그리고 함께하는 사람들이 모두 임신 부부라는 공통점이 서로 작용해서 다른 부부들과도 친밀하게 지냈다. 숲태교에 참가한 임신 부부는 둘이 갖는 교감 속에 보이지 않는 아이의 존재감을 느끼고, 엄마가 이렇게 행복한데 태아는 얼마나 행복할까 생각하면 숲의 맑은 공기를 태아에게 주는 것만으로도 좋아하였다. 손승아(2000)의 연구에서 첫 어머니 됨 체험의 본질적 주제 중 '새 생명이 자라는 경이로움, 태교를 위해 몸가짐을 달리함, 배 속의 아기와 통해있음을 실감함'이라는 것은 본 연구의 진행자 경험에서도 동일하게 나타나고 있다.

제3장 숲태교의 실제

숲태교가 진행되려면 숲에서 무엇을, 어떻게, 왜 해야 하는지 알고 나서 진행되어야 한다. 그런데 그것이 일회성으로 끝나지 않고 연속성이 있으려면 그 효과가 무엇인지 아는 것도 중요하고 활동을 하면서 느끼게 되는 보람이 무엇인지 인식할 때 비로소 계속하여 참가하게 되는 원동력으로 작용하는 것이다.

숲태교에 참가하고 있는 임부(임신 부부)들은 태교하기 위하여 날씨 좋은 날 숲으로 나왔다. 임부는 걷는 코스 제한으로 활동이 다양하지 못하지만, 만삭 임부도 가능하게 방법을 변형하여 동적 활동을 하였다. 이는 임신 부부의 태교 방법에서 행동 태교를 가장 많이 실천한다는 강수경·정미라(2013)의 연구를 실증적으로 보여주는 것이다. 한편으로는 그 나무에 대한 철학을 뽑아내서 심리적으로 접근하고 자존감이 올라가게 정서적인 대화를 하면서 인성과 감정을 끌어내서 자유롭게 느끼게 하였다는 것은 안기주(2000)의 연구에서 가장 많이 실시하는 태교실천 영역은 인성 발달 영역 중 '좋은 생각을 하려고 하였다'라는 결과와 어느 정도 일치하였다. 그리고 숲속에서의 태교 활동이 산모의 임신 중 스트레스를 감소시키며 심리적 안녕감을 증가시킨다는 박범진 외(2015)의 연구결과와 자연 친화적 숲태교 프로그램은 임산부의 스트레스 감소와 정서안정 증진은 물론 태아의 건강한 출산에 긍정적인 영향을 줄 수 있다(장선희 외, 2014)는 연구를 기본으로 하여 숲태교로 임부의 심리적 안녕감을 증진하도록 하여야 하겠다.

태교의 목적을 건강한 몸과 마음을 가진 임부가 태아의 바람직한 인성 형성에 도움을 주는 것이라고 보았던 김은주 외(2006)의 관점도 임부가 건강해야만 태아도 몸과 마음이 건강하고 바람직한 인성을 형성할 수 있다는 의미일 것이다. 태교에서 태내 환경조성과 임부·태아의 관계 강화를 포함한 내용이 추가될 것을 요구한 김기영(2000)의 보고와 같이 태아를 바라보고 도움이 되는 방향으로 진행하지만, 태아와 통해있는 엄마가 행복하고 안정되도록 하여 건강한 가정을 만들어가는 데 도움을 주려고 하였다.

숲태교는 산림의 환경인자를 활용한 명상, 걷기, 만들기 등의 정서적·신체적 체험 활동을 하는 태교 활동을 의미한다(산림청, 2017). 맨발 걷기를 통해 태아에게 땅의 기운을 전달하고 자연의 감각을 느끼게 하는 '숲길 걷기', 임신으로 인한 혈액순환 장애를 완화해주는 '편백물 족욕', '아로마 손 마사지', 피톤치드 향이 듬뿍 담긴 '아기 손수건 만들기' 등 임신부 사이에서 인기가 높은 프로그램으로 구성했다(산림청, 2014)는 것은 진행자들이 숲 관련 공부를 했고, 인터넷에서 자료를 찾고, 책을 참고하여 프로그램 내용을 구성했다고 진술한 것이 기본적으로 산림청의 숲태교에서 추구하는 방향에 근접한 방법으로 진행하고 있다는 것을 보여주고 있다.

행복감이 높으면 태교실천 정도가 높다는 것은 미래에 태어날 가족에 대한 사랑이 태교로 표현된 것으로 임부는 임신 기간 동안 심신이 안정되면 행복감이 높아져 태교실천도 적극적으로 하게 된다(박혜연, 2015)고 하였는데 숲태교를 진행하면서 임부의 행복감이 태아에게만 전달되는 것이 아니라 진행자에게도 긍정적인 에너지를 전달하게 되었다. 자식 같은 임부들이 마음도 따뜻하게 느껴져서 뭔가를 배운다기보다 쉬라고 하면 프로그램 안에서는 진행자가 이끄는 대로 분위기 따라 열심히 하였다. 여러 가지의 태교 중에서 숲태교를 하게 된 것이 다행이라고 생각하는 것은 기본적인 태교를 해도 열린 공간에서 접하는 숲과 함께한다는 장점이 플러스가 되기 때문이다.

제4장 숲태교를 진행하며 보게 된 발전적 미래

숲태교를 진행하면서 아직 초보 단계인 숲태교에 대하여 바라는 점이 생기게 되었고, 새로운 방향을 제안하고 싶었다. 여성들이 임신하게 되면 임신 초기에는 태아 기형에 대한 두려움을 갖고 임신 말기에는 가장 두려운 것이 분만 동통에 대한 두려움이다. 이에 여러 병원과 지역사회, 보건소에서 임부교육이 출산과 임부의 건강에 관한 내용만을 다루고 태아의 건강과 임부·태아와의 관계에 대해서는 간과하고 있다. 따라서 태교 관점에서 태내의 안정된 환경 조성과 임부·태아의 관계 강화를 포함한 내용이 추가될 필요가 있다(김기영, 2000). 이는 참여자가 숲에서 만들기보다 정적인 활동을 진행해보고 싶다고 하는 점, 사전태교부터 충실히 준비하고, 고정 멤버로 심리적 접근을 할 수 있으면 좋겠다는 바람을 가지고 있었던 점과 일치하는 요구사항이다. 숲태교를 좀 더 전문가적 관점에서 개입할 수 있는 분위기가 조성되면 좋겠다. 그들의 전문성에 대하여 신뢰하여 숲태교가 일 년 내내 보완하고 또 준비하면서 진행되길 바랐다. 참여자뿐만 아니라 임부(임신 부부)들도 욕구가 있는 사람들은 소외계층의 임부들도 언제든지 혜택을 받을 수 있기를 바랐다.

숲태교는 임부의 불안감 해소는 물론 교감신경 활성화를 통해 심박 수 감소, 스트레스 호르몬인 코티졸의 농도감소 효과가 있고(산림청, 2014), 우울감과 불안감을 감소시키고 모성 정체성과 자아 존중감을 증가시키며(산림청, 2017), 심리적 안녕감을 증가시킨다(박범진, 2015). 그리고 임부의 정서적 변화로 인하여 우울감이 감소하였다는 뇌파검사의 유의미한 변화에서 나타난 것과 같이 참여자의 진술도 일치하고 있었다. 숲태교를 하면서 인성에 미치는 영향을 기대하였는데 이는 가장 많이 실시하는 태교실천 영역은 인성 발달 영역이라는 안기주(2000)의 연구결과와 일치하고 있었다. 숲태교가 심각한 저출산 문제에 기여할 것이라고 참여자들은 진술하였는데 어머니로서의 욕구도 갖지만, 성인 여성으로서의 욕구를 갖기 때문에 두 가지 차원에서 오는 욕구는 때로 서로 갈등하고 충돌하면서 둘째 자녀 계획에 영향을 준다는 점에서 저출산 현상에 대한 정책 및 서비스 개발은 반드시 여성 당사자의 모성 경험을 충분히 이해하는 단계에서 출발해야 한다(서영민, 2011). 태교의 범위가 예비부모 대상으로 확장됐으면 좋겠고, 숲태교 전문가들이 많이 확산되어야 하겠다.

VI

결론

제1장 연구결과의 요약

본 연구의 목적은 숲태교 진행 경험을 통한 숲태교의 의미와 본질을 심층적으로 탐색하는 것이다. 이에 대한 연구문제로는 '숲태교 진행 경험을 통한 숲태교의 의미는 무엇인가?', '숲태교 진행 경험을 통한 숲태교의 본질은 무엇인가?'였다.

본 연구자는 숲태교가 진행되기 위한 4요소인 진행자(숲치유사), 숲(도시숲, 공원), 대상자(임부, 임신 부부), 주최 측(기관, 국가) 중 진행자 관점에서 탐색하였다. 특히 진행자의 경험을 통하여 임부나 임신 부부의 경험을 간접적으로 엿볼 수 있었고, 준전문가적 입장에서 도시숲을 관찰할 수 있었다. 한편으로는 주최 측에 계약직으로 관계하는 피고용인과도 비슷한 입장을 느껴볼 수 있었다. 본 연구에서는 숲태교 진행자의 경험을 통한 숲태교의 의미와 본질을 보다 정확하게 이해하기 위하여 참여자들의 진술을 그대로 기술하고 이를 학문적 용어로 전환하여 심도 있게 분석함으로써 경험의 일반적인 구조를 도출해내는 Giorgi의 현상학적 연구방법을 선택하였다.

본 연구는 숲태교진행자의 숲태교 진행 경험을 통한 숲태교의 의미와 본질에 관한 탐색을 하기 위하여 서울시에서 숲태교를 진행하고 있는 지자체와 연락하여 2016년도에 숲태교를 진행한 참여자 9명과 면담 약속을 하고 면담을 시작하였다. 면담 시간은 1시간 30분에서 2시간 30분 정도 소요되었다. 면담 장소는 참여자가 원하는 장소로 교육시설이나 카페에서 만나 차를 마시면서 진행되었다. 그리고 참여자의 동의를 얻은 후 면담 내용을 녹음하여 본 연구자가 직접 녹취를 하였다. 연구참여자의 녹취록을 소리 내어 읽어보면서 의미를 나타내는 의미 단위를 찾아내고 범주화하고 하위범주를 정하였고, 공통적이고 핵심적인 내용을 정리하여 본질 주제를 도출하였다.

Giorgi의 현상학적 연구방법의 절차를 통하여 165개의 의미 단위와 49개의 하위구성요소, 12개의 구성요소를 도출하였다. 숲태교 진행자 경험을 통한 숲태교의 의미와 본질에 관한 연구결과의 요약은 다음과 같다.

숲태교는 아직 세상 밖으로 나오지 않은 태아와 부모를 연결해주고, 태아랑 편하게 숲 소풍 왔다고 생각하고 즐기면서 서로의 마음을 열게 하는 숲이 주는 선물과 같았다. 부부가 소통하고 갈등을 풀어버리는 과정에서 태아와 인격적 관계 형성을 하고 정신적인 부모가 되어가는 것이었다. 더구나 숲태교를 국가·사회가 무료로 제공하는 것은 임신가정이 화합할 기회를 조성하는 사회적 배려이고 국가와 사회가 함께 감당하려고 동참하고 있다는 것을 보여주는 것이다. 숲태교는 숲에서 태교할 때 극대화된다는 관점을 갖고 진행하였다. 그래서 숲태교의 4요소인 숲, 임신 부부, 진행자, 주최 측이 조화를 이룰 때 극대화되는 것이다. 태교 시기는 결정적 시기이므로 숲태교 진행자는 확고한 철학과 직업윤리를 바탕으로 하여 태아를 중심으로 하는 화목한 가정을 이루도록 해야 한다.

숲 관련 자격을 갖추고 다양한 경력을 쌓았지만, 치유하는 것이기 때문에 공부를 부단히 하였다. 숲태교 진행자는 아직 직업이라는 면에서 선호하는 것은 아니지만 프리랜서 전문직으로의 자부심을 품게 하는 요소가 충분하였다. 보이지 않는 태아를 위한 것이기 때문에 전문가로서의 자부심을 느끼며 만족하였다. 주최 측은 지지하고 지원해주지만, 숲태교에 대한 인식이 부족했고 진행자와 의논하거나 진행 과정의 공유가 원활하게 이루어지지 못한 점이 아쉬운 부분으로 남았다. 숲태교에 오는 사람들은 적극적인 분들이었고 태명은 기상천외한 것들이었다. 요즘에는 태교를 아빠랑 같이 즐겁게 적극적인 자세로 하였다. 토요일이지만 부부 가운데 태아를 바라보면서 태어날 아기에 대한 기대로 눈망울이 초롱초롱해서 부부끼리 재미있게 활동을 하였다. 임부는 여러 가지로 변수가 많았지만, 주변과 잘 어울리면서 활동하였다. 도시숲은 숲이라는 차원에서는 열악하고 소음과 먼지, 모기나 벌, 해충, 진드기 같은 것 때문에 걱정되고 시설 정비가 덜 되었고, 비품저장소가 없었다. 그런데도 임부에게 최적의 숲태교 장소로 도시숲의 장점들이 많이 있었다. 숲태교 진행자 입장에서 안심이 되고 임부들에 대한 배려를 많이 한 위치 선정이다. 숲태교가 나무 있는 곳만을 생각한 것이 아니라 요즘 임부의 행동반경과 활동에 적합하고 접근성, 안정성, 응급상황에 대한 대처능력 등을 고려하여 도시숲을 선택한 것이다.

숲태교에서는 안전문제를 항상 신경 써야 했다. 일반인들보다 더 많이 배려하고 미리 주의를 주고 걷도록 하였으며, 동적인 활동 시에도 만삭의 임부도 균형 감각이 유지되는 범위 내에서 편안한 방법으로 변형해서 진행하였다. 정서적으로 충분히 공감하려고 하였으며 자존감이 향상되도록 애썼다. 활동은 일반적으로 10명 내외로 열린 집단으로 보통 2시간을 진행하였다. 시기적으로는 상·하반기로 나누어서 하기도 하고, 9월 이후에 집중적으로 실시하기도 하였다. 숲을 이용해서 숲을 어떻게 느낄 수 있는지 그런 것들을 생각해서 프로그램을 구성했다. 숲태교에서는 건강교육보다 자연을 매체로 하여 스트레스를 해소하는 스토리텔링을 하였다. 부부프로그램이기 때문에 숲속 운동이나 아로마 마사지를 하면서 편하게 배우자와 스킨십 할 기회를 만들어주었다. 숲태교를 진행하면서 임부의 행복이 곧 나의 힐링으로 느껴졌다. 배가 나온 임부의 모습에서 자식 같다는 친정 엄마의 마음이 되어 하나라도 더 챙겨주고 싶었다. 임부가 숲에 들어오니 태아의 움직임도 활발해지는 것이 임부의 안정이 가족의 힐링으로 확장되도록 기여하고 있었다는 생각에 보람을 느끼게 되었다.

심도 있게 숲태교를 진행하기 위하여 숲태교 전문가가 진행하기를 바랐다. 홍보를 잘해서 가까운 지역 임부부터 혜택을 받고, 점차 많은 임신 부부들에게 확산되기를 원하였다. 다음엔 고정 멤버로 심리적인 접근을 할 수 있기를 희망했고, 숲태교의 대상 범위를 유연하게 확장하여 사전태교부터 충실히 계획해서 건강한 아기를 출산하도록 하고 싶었다. 행복해하는 임신 부부의 모습을 보면서 배 속에서부터 편안하고 행복한 상태로 태어난 아기와 행복한 가족의 미래를 기대하였다. 임부의 정서 상태는 검사를 통하여 알게 되어 숲태교의 효과를 한층 더 기대하게 되었다. 숲태교를 진행하면서 인성 발달에 도움이 되길 기대하는 마음을 담았다. 임신 부부가 행복한 마음으로 태아와 함께 이루는 가정이 매우 긍정적인 반응을 보였으므로 둘째 아이의 출산에는 분명히 기여할 것으로 기대하였다. 태아를 생각하면서 태명 이름표 자체를 내 아이인 양 소중하게 여기는 마음으로 정성 들여 자연물로 만들었던 결과물을 나중에도 그 아이가 긍정적으로 봐주길 기대하였다. 숲태교 하며 태어난 아이는 성격이 좋고 사회성도 좋다는 점을 생각하며 미래의 건강한 아이를 기대하였다.

결론적으로 숲태교 진행자 경험을 통한 숲태교의 의미와 본질에 관한 연구에서 논의된 중심내용은 다음과 같다.

첫째, 숲태교 진행자 경험을 통하여 숲태교는 무엇이고 숲태교의 철학은 무엇인가에 대하여 고찰하였다. 숲태교 참가 부부들은 한 몸으로 한 생명을 돌본다는 정신적 부모의 자세로 태아랑 편하게 소풍 왔다고 생각하며 숲이라는 좋은 환경을 즐겼다. 지역사회에서 무료로 프로그램을 진행해주어 부담 없이 받게 되는 숲 선물이었다. 숲, 임부, 진행자, 주최 측의 4요소 모두가 매우 중요한 부분으로 4요소가 균형 잡힌 조화를 이루어야 비로소 숲태교가 극대화된다고 생각하였다. 진행자는 숲태교를 위한 확고한 철학과 직업윤리를 가져야 하고 숲태교가 추구하는 목적을 인식한 다음에 프로그램을 진행해야 한다. 편안한 마음으로 건강한 아이를 키우려면 부부가 합심하여 태아에게 어떻게 더 잘해주고, 무엇을 줄지에 대해 상의하면서 태아와 이루는 가정은 태아의 인격도 존중하고 서로 배려하며 화목하게 살아가야 한다고 생각했다.

둘째, 숲태교 진행자는 아직 숲태교를 진행하기 위한 준비가 철저하지는 못했다. 그리고 도시숲의 숲태교 적합도는 임부들이 제대로 편안하게 찾기엔 정비가 미흡하고 준비가 덜 되어있었다. 그러나 요즘 임부의 행동반경과 활동에 적합하고 여러 가지가 진행자 입장에서는 편안했다. 그리고 참가자들은 둘이 갖는 교감 속에 보이지 않는 아이의 존재감을 느끼고 숲의 맑은 공기를 태아에게 주는 것만으로도 좋아하였다.

셋째, 임신 부부들이 태교하기 위하여 날씨 좋은 날 숲으로 나와 정서적·신체적 체험 활동을 하면서 자유롭게 느끼게 하였다. 임부의 행복감이 태아에게만 전달되는 것이 아니라 진행자에게도 긍정적인 에너지를 전달하였다. 숲태교를 하게 된 것이 다행이라고 생각하는 것은 기본적인 태교를 해도 열린 공간에서 접하는 숲과 함께한다는 장점이 플러스가 되기 때문이다.

넷째, 숲태교에 대한 바람과 기대는 숲태교를 전문가적 입장에서 개입할 수 있는 분위기가 조성되면 좋겠고, 욕구가 있는 사람들은 누구나 언제든지 혜택을 받을 수 있기를 바랐다. 숲태교를 하면서 인성에 미치는 영향과 둘째 자녀 출산을 기대하였다. 무엇보다 숲태교 하며 태어난 아이는 성격이 좋고 사회성도 좋을 것으로 생각하며 기대한다.

제2장 연구에 대한 숲치유상담 관점의 함의

이상의 논의에서 숲태교 진행 경험을 통한 본질적 의미를 도출하고 이를 분석하여 숲태교의 의미와 철학, 숲태교가 이루어지는 4요소, 숲태교의 실제, 숲태교를 진행하며 보게 된 발전적 미래를 살펴보았다. 본 연구자는 이를 토대로 숲치유상담의 관점에서 연구결과의 이론적·실천적·정책적 함의를 제시해보고자 한다.

1. 이론적 함의

본 연구의 결과를 통해서 얻을 수 있는 숲 치유 상담 이론적 함의는 다음과 같다.

첫째, Giorgi의 현상학적 질적 연구방법을 적용하여 숲태교의 본질적 의미에 대한 이해를 심화시키는 기회를 제공하였다. 숲태교에 관한 기존의 연구들은 주로 숲태교 프로그램을 적용하여 그 효과성을 검증하는 것으로 양적 연구에 집중되어 있었다. 본 연구는 숲태교에 직접 참여한 진행당사자의 경험에 대한 진술을 확보하였으며 이를 토대로 숲태교의 의미와 본질을 이해하는 데 있어 유용한 자료로 활용될 수 있다.

둘째, 숲태교가 임신 부부에게 어떠한 의미로 영향을 미칠 수 있는지 확인하였다. 숲태교가 단순히 임부(임신 부부)만의 문제가 아니라 지역사회와 국가·사회가 공동으로 참여하는 숭고한 일이라는 점을 확인하는 계기를 마련하였다.

셋째, 숲태교 진행 경험을 통하여 임부(임신 부부)들이 태아를 보는 시각을 확인하였고, 진행자나 우리 사회가 가져야 할 태아와 임부(임신 부부)에 대한 철학과 윤리의식에 대하여 기존의 시각을 전환하는 계기를 마련하였다.

넷째, 진행자의 경험을 통하여 준전문가적 입장에서 도시숲을 바라볼 수 있었다. 따라서 도시숲을 숲태교가 원활하게 이루어질 수 있는 숲 환경으로 정비할 수 있는 근거를 마련하였다.

2. 실천적 함의

본 연구결과를 통하여 얻을 수 있는 숲치유상담의 실천적 함의는 다음과 같다.

첫째, 지역사회에서 주관하는 숲태교는 임부(임신 부부)들에게 의미 있는 것으로 인식되었다. 이는 쉽게 접근할 수 있는 가까운 지역에서 대상자의 욕구에 적합한 프로그램을 진행하였기 때문이다. 따라서 지역사회에서는 지역 임부(임신 부부)의 현재 욕구를 적절하게 수렴하여 해소할 방안을 마련할 필요가 있다.

둘째, 무료로 숲태교를 진행하였다. 이제 국가·사회는 태교를 개인의 문제가 아니라 공적 영역으로 인식하여 「임부에 대한 사회적 돌봄」이라는 차원으로 접근하였다는 것이다. 여성의 사회진출과 핵가족화로 임부의 돌봄 문제가 개인의 문제로 치부되기보다는 공공의 영역으로 편입될 것을 요구하는 현실에 대한 적절한 대응임을 확인하였다.

셋째, 임부(임신 부부)가 우리 사회의 소중한 자원이라는 점을 인정하고, 임부(임신 부부)가 안정된 상태에서 생활할 수 있는 숲태교 프로그램의 개발과 실행이 이루어질 수 있도록 복지 차원의 질 높은 숲태교 서비스의 필요성을 확인하였다.

3. 정책적 함의

본 연구결과를 통하여 얻을 수 있는 숲치유상담의 정책적 함의는 다음과 같다.

첫째, 본 연구의 참여자들은 모두 4년제 대학 이상을 졸업하였고,

다른 직업이 있거나 숲치유사만을 하고 있었다. 숲태교라는 멀티플한 융합학문으로서의 프로그램을 소화하고 있는 일의 비중이나 전문성, 책임감으로 본다면 가벼이 볼 수 있는 직업군이 아니다. 따라서 숲치유사가 안정된 직업이 될 수 있는 정책적 기반을 마련할 필요가 있다.

둘째, 임부(임신 부부)를 위한 돌봄의 공공화 정책이다. 이미 공공분만을 하는 지역의 인터뷰에서는 숲태교도 적극적으로 활발하게 전개되고 있다는 것을 알 수 있었다. 그리고 한 숲치유사는 거주하는 지역에서 숲태교를 진행하지 않아 멀리까지 가서 진행하는 아이러니를 발견할 수 있었다. 숲태교를 공적 영역으로 확대하는 것이 심각한 저출산 문제를 해결하기 위한 시발점이 될 것으로 사료된다.

셋째, 대한민국 임부의 평균 출산연령이 31.84세이다(2013년 통계). 고령 임산부에 대하여 적극적인 정책이 반영되어야 할 것이다.

넷째, 아이들은 일 년 내내 태어난다. 따라서 태교는 일 년 내내 하는 것이다. 그리고 사전태교부터 하는 것을 권하고 있다. 이제 대상자 폭을 유연하게 확대하여 누구든지 어디서나 일 년 내내 숲태교에 참가할 수 있는 정책을 마련하여 건강한 자녀 출산을 위한 기반을 마련하여야 하겠다.

제3장 제한점 및 후속연구를 위한 제언

본 연구는 이상에서 살펴본 것과 같이 다양한 의의가 있으나 방법론 측면에서 일정한 한계를 갖고 있다.

첫째, 본 연구는 서울의 도시숲에서 무료로 진행하는 진행자로만 참여자를 구성하였다. 향후 치유 숲과 다양한 지역의 숲에서 진행을 경험한 대상으로 하는 연구를 제언하는 바이다.

둘째, 본 연구는 진행자 경험을 관점으로 하였다. 향후 임부, 임신 부부, 태아 아버지 관점의 연구를 제안하는 바이다.

셋째, 현상학적 연구방법을 적용하면서 연구자의 선경험을 모두 내려놓은 채 현상학적 에포케(임시 판단 정지)를 실천하는 자세로 연구에 임하였다. 그러나 그것이 진정 숲태교 진행 경험을 순수하고 가장 원초적인 인식의 경지에 이르러 본질 환원을 할 수 있는 정도의 어느 지점에 있느냐는 점에서 부분적으로 미숙하였다. 글쓰기 또한 하나의 굴절을 부드럽게 여과시키는 데 매끄럽지 못함이 연구의 한계임을 밝힌다.

참고문헌

An, G. J., "*Study of Related Factors and Practise of Taekyo on Pregnant women's.*", The Graduate School. Ewha Womans University, 2000.

Ahn, K. M., "A Study on Healing *Elements inherent in Poetry based on Forest and Meditation.*", Ph. D. dissertation. Dongbang University, 2016.

Bae, S. M., "*A Study on Recognition of Pregnant Women's Prenatal Dance.*" The Graduate School. Kookmin University, 2007.

Cho, H. S. · Cho, S. M. · Cha, J. G., "*Therapeutic Effects of the Forest-Healing Program on Alcohol Dependance Patients and Their Families.*", Korean journal of health psychology, Vol. 13, No. 3, 2008.

Forest Culture Contents Laboratory, 「The social economy which opens into Forest, Seminar on forest prenatal care development plan.」, Host : Members of the National Assembly Yun, H. J., Members of the National Assembly In, J. G., Members of the National Assembly Kim, S. N., Members of the National Assembly Nam, I. S., 2015.

Forest taegyo Studies Association. 「Forest taegyo Seminar for the unborn child, The first inning : The fetus plays in the forest, too.」 2016.

Gang, S. G. · Jeong, I. A., "*A Study on the Practice of Taegyo of the Pregnant women and Their Husband.s*", The Journal of Child care support research, Vol. 8 No. 1, 2013.

Gong, E. K., "*Prenatal Education on Pregnant Women's Emotional Stability, Attachment to Unborn Child and Maternal Identity*", Ph. D. dissertation, Dongbang University. 2012.

Hong, H. M. R. etc, 「Qualitative research in social work」, seoul: hakjisa, 2008.

Jang, S. H., "*Effects of Forest Prenatal Education Program on Stress and Emotional Stability of Pregnant Woman.*", The Graduate school Chungbuk National University, 2014.

Jang, S. H. Gu, C. D. Ju, S. J., "*Effects of Forest Prenatal Education Program on Stress and Emotional Stability of Pregnant Woman.*", Society For People, Plants, And Environment, Vol. 17 No. 5, 2014.

Jo, Y. B., "*A Study on the Development of Suitable Locations Evaluation Model and Therapy Type to Therapeutic Forests.*", Ph. D. dissertation, Wonkwang University, 2010.

Jo, Y. H, 『Qualitative Research : Methodology and Examples』, Seoul : Kyoyukkwahaksa, 2005.,
『Qualitative research : phenomenology approach』 Ehwa Womans University Institute for Social Welfare, Quality research workshop, 2010.

Jung, N. R., "*An Analysis of the Physiological and Psychological Effects of Forest Healin.g*", Jeonbuk National University, 2013.

Jung, N. R. · Ahn, D. S., "*Analysis of Image and Healing Perception Effect according to the Forest Types.*", Journal of Recreation and Landscape Vol. 9 No. 1, 2015.

Korea Forest Service. 「forest culture rest basics plan」, 2007.

Korea Forest Service. 「A Study on Establishing Concepts of Forest welfare and Policy Development」, 2011.

Korea Forest Service. 「Forest Welfare Master plan」, 2013.

Korea Forest Service. 「Operation of Forest Traditional Forest Programs」, 2014.

Korea Forest Service. 「Forest prenatal care, The first story of our child telling our child」, 2015.

Korea Forest Therapy Forum, 「The status and prospect of Korea forest healing, The status and prospect of professionals for Korea forest healing」, Korea Forest Therapy Forum : 84～, 2014.

Kim, B. C., "*The Effect of Prenatal Care Art Programs to Promotor Attachments Between Pregnant Women and Their Fetuses.*", The Graduate School, Wonkwang University.

Kim, B. M., "*Influence of Prenatal Care Music A Study on the for Infants.*",

The Graduate School, Kookmin University, 2010.

Kim, B. Y. · Im, H. J. · Choe, Y. H. · Kim, S. H. · Bak, P. M., *"The Stress Reduction Effects of Forest Prenatal Education on Pregnant Woman."* Korean Forest Society, Vol. 2012 No.- .

Kim, E. J. · Seo, Y. H. · Han, M. R. · Jo, H. S. · Lim, J. T., *"An Ethnographic Inquiry about the Meaning and Practice of Prenatal Care."* Vol. 11 No. 5, 2006.

Kim, H. N., Kim, B. Y. · Im, H. J. · Choe, Y. H. · Kim, S. H. · Bak, P. M., *"The effects of dance prenatal education, which is applied Korean traditional dance, to expecting mothers and their emotions."* The Graduate School. Hanyang University, 2010.

Kim, K. I., *"Influence of Marital Intimacy, Family Support, and Fatigue on the Stress of Pregnant Woman."*, Journal of the Korea academia-industrial cooperation society v.15 no. 4, pp. 2179 - 2188, 2014.

Kim, K. M., *"Study on the Effects of Forest Healing according to Types of Recreational Forests"*, The Graduate School Chungnam National University, 2012.

Kim, Y. D., *"The Parenting Characteristics of Inexperienced Father and the Process of Becoming Father."*, The Graduate School Paichai University, 2011.

Kim, Y. H., *"The Analysis of Needs for the Development of Forest Therapy Program."* Ph. D. dissertation, Chungbuk National University. 2015.

Kim, Y. H. Kim, D. J. Yeoun, P. S. Choi, B. J., *"The Analysis of Interests and Needs for the Development of Forest Therapy Program in Adults."* The Journal of Korean Institute of Forest Recreation. Vol. 18 No. 3. pp 45-59. 2014.

Kim, Y. R., *"Research into the Satisfaction Level of Prenatal Ballet for Pregnant Woman."* The Graduate school. Ewha Womans University, 2010.

Kim, Y. Y., *"The Effect of music on unborn children."*, KyungNam National University, 2001.

Lee, J. H., *"Effect of Tactile Sense Centered Prenatal Care Art Therapy on Attachment Between Pregnant Mother and Fetus."*, The Graduate school Daegu University, 2014.

Lee, J. Y., *"The Study on Effects of Prenatal Music to the Embryo and Pregnan Woman."*, The Graduate school Catholic University, 2015.

Lee, M. E. ・Kweon, Y. R., *"Psycho-social factors associated with depression in pregnant women."*, Journal of Korean Academy Psychiatric Mental Health Nursing, 20(3), pp. 252-260, 2011.

Lee, M. N., *"The development and effects of forest prenatal education using therapy of Āyurved."*, Ph. D. dissertation, Dongbang University, 2015.

Lee, M. N. ・Song, J. S., *"The Effects of Prenatal Education in Forest on the Mindfulness and Psychological Well-Being of Pregnant Woman."*, The Journal of Korean Institute of Forest Recreation, Vol. 19 No. 4, 2015.

Lee, K. H. ・Bae, K. E., *"Taekyo as Mind and Body Science."*, Journal of Parent - Children's Health, Vol. 7 No. 1, 2004.

Lee, K. M., *"Effect of Forest Healing on Patients with Chronic Schizophrenia."*, Ph. D. dissertation, Konkun University, 2015.

Lee, Y. H., *"Survey of University Student's Cognition on Foetal Education and Foetal Education Training."*, The Graduate school Chungbuk National University, 2010.

Lee, Y. H,. *"Study on the Forest Management Methods for Therapeutic Fores."*, Ph. D. dissertation, Kookmin University, 2012.

Lee, Y. S., *"A Study on the Revitalization of the Forestry Welfare Center : Toward the National Nature Recreation Forest."*, The Graduate school, Korea University, 2014.

Mun, J. A., *"Mother's Parenting Knowledge, Parenting Practices and the Relationship between Awareness and Guidance."* The Graduate school, Pusan National University, 2014.

Mun, T. Y. ・Park, S. M. ・Han, M. S., *"The Influence of Regular Participation in Pregnant Exercise on the Body-esteem and Pregnancy Stress."* Journal of Industrial Technology association in Korea, Vol. 11 No. 3, 2010.

Oh, K. H. Kim D. J. Yeoun, P. S., *"A Psychological Phenomena Analysis of People who have experienced Healing in the Forest."*, Korean

Journal of Environment and Ecology, Vol. 30 No. 2, 2016.

Park, B. J., *"Experimental Approach of Therapeutic Effect of Forest Recreation Activities : focused on viewing and walking in forest environments."*, Ph. D. dissertation, Chungnam National University, 2010.

Park, E. K. Lim, Y. J. Kwon, M. H. Lee, H. J. Kim, S. S., *"The Effects of The Forest Prenatal Program Using Emotional Rest and attachment of Pregnant Women."*, Journal of the Korean Institute of Landscape Architecture, Vol. No. 11, 2011.

Park, H. Y., *"Effects of happiness of pregnant women on practice of parental care."*, The Graduate School. Hansung University, 2015.

Park, J. Y., *"The Effects of Collage-Oriented Prenatal Art Therapy Program on the Stress of Pregnant Women."*, The Graduate School. Daegu University, 2011.

Park, P. M. · Kim, B. Y. · Im, H. J. · Choe, Y. H. · Choe, Y. H. · Jeong, D. W. · I, J. W., *"The Stress Reduction Effects of Forest Prenatal Education on Pregnant Women."*, Journal of Recreation and Landscape, Vol. 6 No. 1, 2012.

Park, S. A., *"An analysis of the effects by the types of healing space."*, Ph. D. dissertation, Jeonbuk National University, 2014.

Park, S. A. Lee, M. W., *"An Analysis of the Healing Effects by Types of Forest Space - Focused on Psychological Restorativeness and Satisfaction -."*, Journal of the Korean Institute of Landscape Architecture, Vol. 44 No. 4, 2016.

Park, S. A. Jeong, M. S. Lee, M. W., *"An Analysis of the Healing Effects of Forest Therapy and Horticultural Therapy."* Journal of the Korean Institute of Landscape Architecture, Vol. 43 No. 3, 2015.

Pack, S. B., *"Foetal Education as Primordial Type of Psychological Attachment."* Ulsan University, 2015.

Park, Y. Y., *"Application of object relation theory in taekyo : as focused on Winniscott's parent-infant relations theory."* The Graduate School. Yunse University, 2000.

Seo, Y. M., *"A phenomenological study on women's experience of motherhood through pregnancy to early rearing of their first baby;*

Focused on the second birth plan.", The Graduate School. Seoul sirip University, 2011.

Shin, K. R., 『Criteria for Critique of Qualitative Nursing Research』, Journal of Korean Nursing, Vol. 26, No. 2, 1996.,
『Theory and Practice of Phenomenological Study in Nursing Science』, *Journal of nursing query*, Vol. 12 No. 1, 2003.

Shin, K. R., etc, 『Qualitative research methodology』, Seoul: Ehwa Womans University Press Center, 2010.

Shin, M. A. · Choi, J. H., "Unmarried College Students' Knowledge of Sex and Cognition of Prenatal Education.", Journal of Korean Institute of Korean Living science, v. 19 no. 4, pp. 613 – 624, 2010.

Shin, W. S., *"The impact that a forest experience influences on a human mental state stability"*, The Journal of Korean Institution of Forest Recreation, 11 (3) : 37~43, 2007.
『A health trip to the forest』, Seoul: Jisung sa. 2013.
『A healing forest 』, Seoul: Jisung sa. 2016.

Shin, W. S. · Shin, C. S. · Yeoun, P. S. · Lee, N. W. · Park, K. T. · Lee, E. J · Lee, H. E., *"The Preference Survey of Pine Tree Density for Forest Healing."*, Journal of Korean Institute of Forest Recreation Welfare, Vol. 17 No. 1, 2013.

Sung, M. H. · Joo, K. S., "Relationships among Marital Satisfaction, Spousal Support and Practice of Taekyo in Pregnant Women.", Korean journal of women health nursing, 2011.

Son, S. A., "Hermeneutic phenomenological understanding on the first lived experience of motherhood.", Ph. D. dissertation. Seoul Woman University, 2000.

Son, C. H. Lim, B. I., "A Study on a Survey and Issues of Demand for Forest Therapy.", The Journal of Korean Institute of Forest Recreation, Vol. 18 No. 3, 2014.

Song, J. H., "The Influence of Healing Forest and Users' Characteristics on Their Restorative outcome.", Ph. D. dissertationl. Chungbuk National University, 2013.

Yang, K. M., "Effects of a Taegyo Program on Parent-Fetal Attachment and Parenthood in First Pregnancy Couple.", Ph. D. dissertation.

Catholic University, 2008.

Yang, K. M. · Kim S. R., "Effects of a Taegyo Program on Parent-Fetal Attachment and Parenthood in First Pregnancy Couples.", Journal of Korean Academy of Nursing, Vol. 40 No. 4, 2010.

Yeom, D. G. Joung, D. W. Kim., G. W. Park, B. J. A., "Study of an Expert Opinion Survey for Designing a Forest Healing Program.", The Journal of Korean Institute of Forest Recreation, Vol. No. 4, 2015.

Yoon, M. R., "The effects of prenatal care-based group art therapy on the psychological well-being and mother-fetal attachment of unwed mothers at a shelter facility.", The Graduate School, Yeungnam University, 2013.

Woo, I. H., "The Effects of Prenatal Care Group Art therapy Programs on Maternal Identity and Maternal-fetal Attachment.", The Graduate School, Konkun University, 2015.

Deborah K. Padgett, *Qualitative Methods in Social Work Research.* 『사회복지 질적연구방법론』. You, T, G. translation. paju : nanamchulpan, 2005.

Eva M. Sellhub, Alan C. Logan, (2014) *Your Brain on Nature.* 『자연몰입』, Kim, Y. M. translation. Seoul : haenamu, 2014.

Giorgi,A., *Qualitative Research Methodology : Advanced Workshop on Descriptive Phenomenological Method.* Korea Quality Research Center, 2004.

John W. Creswell, *Qualitative Inquiry and Research Design. : choosing among five approaches* 『질적연구방법론 : 다섯 가지 접근』. Jo, h. s. etc translation. Seoul: hakjisa, 2015.

Kanehisa Morimto, Yosifumi Miyazaki, Hideki Hirano, *Forist Healing.* 『산림치유』. (Corp) Korea Forest Therapy Forum translation. Seoul : Junnamusup, 2009.

Peter wohl eben, *Das geheime Leben der Bâume.* Yun, J. H. translation. 『나무 수업 따로 또 같이 살기를 배우다』, koyang : yima, 2016.

Winnicott. D. W., *The Maturational Processes and the Facilitating Enviroment.* 『성숙과정과 촉진적 환경』, Lee, J. H. translation(2000), Korea Psychological Research Institute, 1984.

平野秀樹, 宮崎良文, 香川隆英, *Shinrin Therapy.* 『산림테라피』, (Corp)Korea Forest Therapy Forum translation. Seoul : Junnamusup, 2011.

大井玄, 宮崎良文, 平野秀樹, Shinrin Ikaku 2 Kankyo to Ningen no Kenkou-Kagaku. 『최신 산림치유 개론』 Corp) Korea Forest Therapy Forum translation, Seoul : Junnamusup, 2015.

Colaizzi, P. F., *Psychological research as the phenomenologist views it, Existential phenomenological alternatives for psychology.* In R. Vaile & M. King(Es.). New York : Oxford University Press. 48-71, 1978.

Cranley, M. S., *Response to A critical review of prenatal attachment research.* Scholarly Inquiry for Nursing Practice : An International Journal, 6(1), pp. 23-26, 1992.

Crotty. M., *Phenomenology and nursing research.* Melbourne, Australia : Churchill Livingston. 1995.

Denzin, N. W. & Lincoln, Y.(Eds.), *Handbook of qualitive approaches.* Thousand Oaks, CA : Sage, 1994.

Flick, V., *An Introduction to Qualitative Research Sage,* Publications, 2002.

Giorgi, A., & Giorgi, B., *the descriptive phenomenological psychological method.* In Bamberg, M., Camic, P. M., Phodes, J. E., & Yardley, L. (Eds.), *Qualitative Research in Psychology: Expanding Perspectives in Methodology and Design.* pp. 243-273. American Psychological Association(APA), 2003.

J. E. Raymond, *Creating a safety net: Women's experiences of antenatal depression and their identification of helpful community support and services during pregnancy,* Midwifery, 25, pp. 39-49, 2009.

Kaplan, R., *The experience of nature: a psychological perspective,* Cambridge University Press, 1989.

Muller C., *Making a Difference : Yoga in Pregnancy,* Birth Gazette. 13(1). pp. 23-26, 1996.

Reeder, S. J. Martin, L. L. & Koniak - Gr iffin, D. *Maternity Nursing : Family, newborn, and womens health* (18th Eds.) Lippincott Co, 1997.

Rennie, D., L., *Embodied catagorizing in the grounged theory,* Theory and

Psychology, 16, 486-503, 2006.

Rennie, D. L., *Methodical hermeneuties and humanistic psychology.* The Humanistic Psychologist, 35, 1-14, 2007.

Strauss, A., *Qualitative analysis for social scientists,* Cambridge : Cambridge University Press, 1987.

Tagliareni, M. E., *"Understanding the meaning of experience for urban community college students : a phenomenological study."* Ph. D. dissertation. Teachers College, Columbia University, 2001.

Ulrich, R. S., *Biophilia, biophobia, and natural landscapes. In : Kellert, S.R., Wilsons, E.O. (Eds.),* The Biophilia Hypothesis. Island/Shearwater Press, Washington, DC, 1993.

Winnicott. D.W., *The Maturational process and the facilitating environment* : New York; International Universities Press, 1980.

National Nature Recreation Forest Office. http://www.huyang.go.kr

Korea Forest Service http://www.forest.go.kr

Korea Forest Welfare Institute http://www.forest.go.kr

Statistics Korea http://kostat.go.kr

Naver http://www.naver.com/

임혜숙

국어선생님이 되고 싶어 단국대학교 '국어국문학과'에서 교직을 이수한 후 국어교사가
되었으나 어떻게 국어교사로 살아가느냐의 문제에서 행복하지 않았고, 내 길이 아니라
는 생각이 들었다.

가소성이 높은 시기인 영유아기의 영재교육은 만족스러워서 '영재교육학 석사과정'을
명지대학교 대학원에서 마쳤고, 소외계층에게도 영재교육을 하고자 하여 '사회복지학
석사, 박사과정'을 국제문화대학원대학교와 백석대학교 대학원에서 취득하였다. 그런
가운데 MBTI일반강사, 에니어그램, 미술치료 슈퍼바이저, 모래놀이치료사, 각종 심리검
사 과정 등의 심리학 관련한 공부를 끊임없이 하면서 관련된 강의를 하였다. '사회복지
학'이 단순히 소외계층을 위한 학문이 아니고 우리의 삶 전반에 걸친 방대한 학문이기
에 숨 쉴 여유도 없이 달려왔는데 재미있고 행복했다.

그런데 영유아와 그 가족을 주 대상으로 실천하고 강의를 하는 사람이 그 분야의 기초
가 체계적이지 못하고 부족한 것 같다는 점이 콤플렉스처럼 여겨져 국가평생교육원의
학점은행제를 활용하여 '아동학 학사'를 취득하니 좀 더 만족스러웠다.

나이 들며 만난 '숲 체험'은 정말 매력적이었다. 그래서 한 발 한 발 앞으로 다가가다
보니 어느새 이벤젤대학교(Evangel Christian University of America Monroe, Louisiana
USA)에서 상담심리학 박사학위를 받게 되었다.

1982년부터 여중과 공업고등학교에서 국어교사를 하였고, 2003년 고려대학교 평생교육
원에서 '창의영재지도사' 관련 강의를 시점으로 명지대학교, 청운대학교, 명지전문대학
교, 백석대학교, 광운대학교, 신흥대학교, 동방문화대학원대학교, 불교대학원대학교, 서
울사회복지대학원대학교, 부천대학교 등에서 강의를 하며 현재에 이르렀다.

현재는 'K&T창의영재교육연구소'와 '임혜숙심리상담센터'를 운영하면서 명지대학교
겸임교수와 열린사이버대학교 특임교수, 그리고 GB평생교육원과 SJ평생교육원의 콘텐
츠 개발 및 운영교수로 활동 중이다.

숲태교 진행경험을 통한

숲태교의
의미와 본질

- 도시숲을 중심으로 -

초판인쇄 2020년 8월 10일
초판발행 2020년 8월 10일

지은이 임혜숙
펴낸이 채종준
펴낸곳 한국학술정보㈜
주소 경기도 파주시 회동길 230(문발동)
전화 031) 908-3181(대표)
팩스 031) 908-3189
홈페이지 http://ebook.kstudy.com
전자우편 출판사업부 publish@kstudy.com
등록 제일산-115호(2000. 6. 19)

ISBN 979-11-6603-039-0 93370